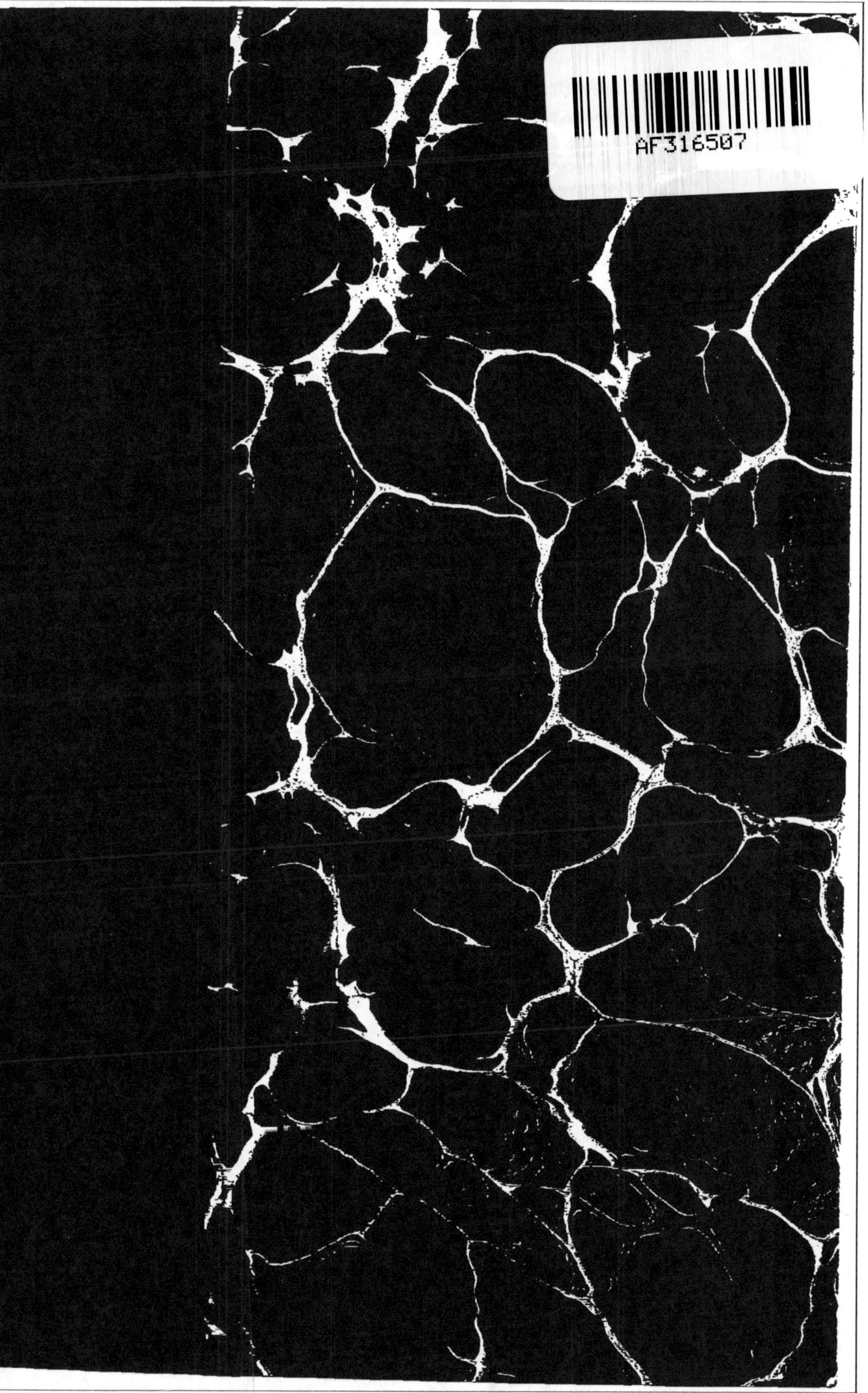
AF316507

HISTOIRE

ANCIENNE,

OU

PREMIÈRE PARTIE

DE

L'HISTOIRE

DES HOMMES.

HISTOIRE DES HOMMES,

OU

HISTOIRE

NOUVELLE

DE TOUS LES PEUPLES

DU MONDE.

PARTIE DE L'HISTOIRE ANCIENNE.

* * *

TOME XLI.

* * *

A PARIS.

M. DCC. LXXXV.

Avec Approbation & Privilége du Roi.

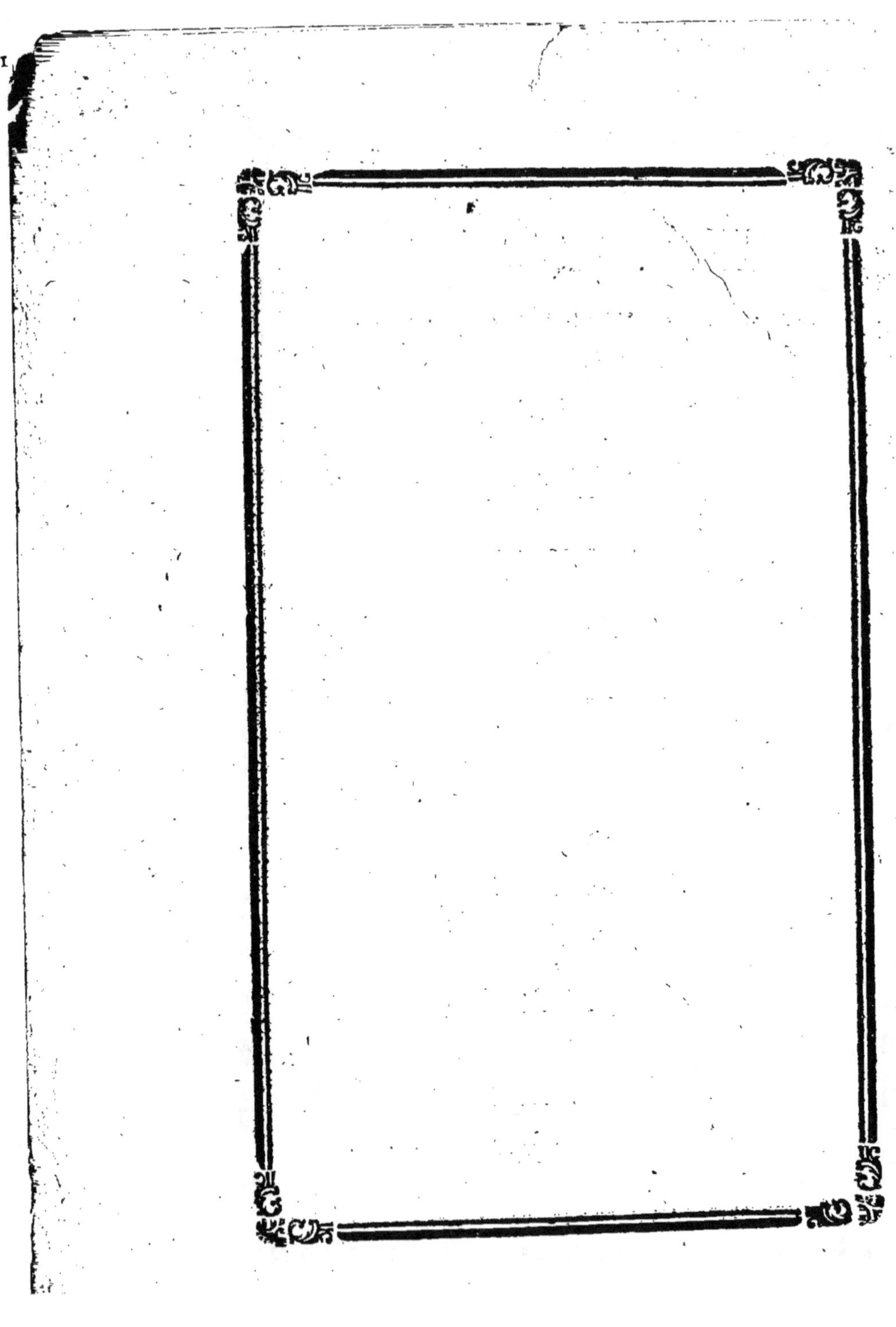

SUITE
DU TABLEAU
DE
L'EMPIRE ROMAIN.

DES MALHEURS DE L'EMPIRE ROMAIN, SOUS DEUX DES PLUS GRANDS PRINCES QUI L'AIENT GOUVERNÉ.

ROME, depuis Tibère jusqu'au pré-décesseur de Trajan, sembla condamnée à être toujours malheureuse. Lorsque le despotisme des Empereurs cessa de la faire gémir, elle se vit exposée à des fléaux

qu'elle ne put jamais prévenir, & rarement réparer: ainsi, elle eut sans cesse à
lutter contre les tyrans ou contre la
nature.

Que la sombre politique de Tibère,
la frénésie de Caligula, ou la stupidité
de Claude rendent un peuple infortuné,
personne ne doit s'en étonner ; c'est la
suite inévitable de l'abus du pouvoir absolu : mais par quelle fatalité le monde ne
put-il respirer sous des Princes faits pour
son bonheur? Rome, par une tyrannie
continue d'un demi-siècle, n'avait-elle pu
expier le crime de ses anciennes conquêtes? Et la nature, pour la punir de
six cents ans de gloire & de crimes,
l'avait-elle condamnée à n'être jamais
heureuse ?

Vespasien est le premier des Césars qui
ait pu consoler les Romains de l'anéan-
tissement de la République. Né ami des
hommes & avec le talent de les gouverner, sachant allier la politique des
Cours avec la franchise d'un soldat,

aimant les plaiſirs ſans leur ſacrifier les affaires, avare, mais du bien d'autrui, encore plus que du ſien, il poſſéda toutes les vertus d'un Roi philoſophe, & n'eut préciſément que le défaut dont Rome avait beſoin pour recouvrer ſon ancienne opulence.

Titus, l'idole de l'Italie & de la terre, éclipſa la gloire même du ſage Veſpaſien; comme ſon nom ſemble être devenu le ſynonyme de la bienfaiſance, il ſuffit de le prononcer pour peindre celui qui l'a porté, & achever ſon éloge.

Malgré tant de titres à la félicité, le monde fut preſqu'auſſi malheureux ſous les règnes de Titus & de Veſpaſien, que ſous celui de Néron. De toutes les guerres civiles qui s'étaient élevées depuis Sylla, il n'y en eut point de plus atroce que celle qui fraya le chemin de l'Empire à Veſpaſien : elle fut ſignalée, comme nous avons vu, par des parricides, par ce fameux ſac de Crémone, où périrent cinquante mille hommes déſarmés (*a*), & par l'incendie du Capitole, auquel, pour le malheur de Rome, Domitien survécut.

Le maſſacre de Vitellius finit la guerre ſans ramener la tranquillité : les vainqueurs firent long-temps, de la capitale de l'Empire , le théatre du carnage ; il ſuffiſait d'être grand de taille pour être regardé comme Germain , &, ſous ce titre, mis à mort. On maſſacrait les Sénateurs dans les placés publiques : on brûlait dans les temples les Prêtres avec leurs dieux ; ſi l'on avait jugé alors Veſpaſien par ſes lieutenans, on aurait pu le mettre au rang des Tibère & des Néron.

A peine ce Prince commençait - il à s'affermir ſur le Trône des Céſars, que

______

(*a*) On fit auſſi un grand nombre de priſonniers: mais le Général de Veſpaſien ayant défendu de retenir aucun Crémonais en ſervitude, & les peuples d'Italie refuſant d'acheter de pareils eſclaves, les ſoldats, qui ne purent ni les garder ni les vendre, ſe mirent à les tuer. *Tacit.* Hiſtor. lib. 3.

les Gaules se révoltèrent : on vit alors un trait de dépravation inoui dans les annales de la République ; ce fut une armée Romaine qui se laissa corrompre à force d'argent, prêta serment à des rebelles, & promit d'égorger ses Commandans pour livrer la patrie à des barbares.

Tandis que Rome était saccagée par ses propres concitoyens, & que les extrémités de l'Empire étaient déchirées par des rebelles & par des barbares, les Juifs, odieux à leurs voisins, qu'ils détestaient à leur tour, périssaient par milliers sur le champ de bataille, dans leur patrie en cendres, ou dans les supplices. Juste-Lipse calcule que dans le sac de cette Hershalaïm, que nous nommons Jérusalem, on extermina un million trois cents trente-sept mille quatre cents quatre-vingt-dix Citoyens de cette nation (a), & ce fut Titus, le bienfaiteur du monde, qui im-

---

(a) *Juf. Lipf.* de Constantiâ, lib. 2, cap. 21.

mola tant de victimes à l'idole de la grandeur Romaine.

D'un autre côté, d'affreux tremblemens de terre renversaient Salamine & Paphos; des villes immenses étaient détruites par des incendies, & pour comble de calamité, Vespasien trompé par ses Ministres, & confondant le cynisme avec la liberté & les sages avec les sophistes, bannit de Rome tous les Philosophes.

Le règne de Titus effaça encore celui de son père, par le nombre de fléaux mémorables dont il fut flétri. Une épidémie cruelle, causée par la corruption de l'air, infesta la moitié de l'Italie, & il y eut des jours où l'on compta dans la capitale seule dix mille morts.

Quelque temps après, le feu prit dans Rome, & dura avec toute son activité pendant trois jours & trois nuits; il consuma des quartiers entiers, des édifices superbes, & sur-tout le Capitole qu'on venait de rétablir; eh qu'importait aux Citoyens qui expiraient dans les flammes

& fous les décombres de leurs maifons, que leurs malheurs ferviffent d'époque au règne de Titus ou à celui de Néron !

De tous les fléaux qui affligèrent alors l'Empire, il n'y en a point qui ait laiffé des traces plus ineffaçables de ravages que l'éruption du mont Véfuve; d'abord le feu caché, qui tourmentait les entrailles du volcan, caufa dans Naples un tremblement de terre qui menaça pendant quelques heures les habitans de les engloutir dans des gouffres nouvellement formés; d'immenfes nuées de cendres allèrent à trois cents lieues éclipfer le foleil, & faire craindre aux peuples fuperftitieux la chûte du monde; des torrens de flammes liquides, de matières fondues & de laves, fe précipitèrent dans la plaine, & y anéantirent la végétation; enfin, pour comble de calamité, la mer furieufe menaça longtemps de rompre fes barrières, & d'enfevelir une partie de l'Italie dans fes abymes. Ainfi, les quatre élémens femblaient conjurés pour la ruine des hommes. Ce fut alors que l'illustre Pline le naturaliste périt, & que deux villes entières disparurent au milieu des cendres que vomissait le Vésuve, & on ne peut guères comparer ce désastre qu'à celui qui, de nos jours, renversa Lisbonne & Mequinez, & fit trembler à la fois les nations aux extrémités des deux hémisphères.

Le monde gémit donc sous l'empire de deux Princes nés pour sa félicité : on dirait que le genre humain ne mérite pas d'être protégé à la fois par ses Souverains & par la nature ; & l'histoire, toujours occupée à tracer le tableau de nos désastres, ne paraît avoir d'autre alternative que de s'appesantir sur les malheurs des peuples ou sur les crimes des Rois.

ANECDOTES SUR LA VIE PUBLIQUE ET SUR LA VIE PRIVÉE DE VESPASIEN ET DE TITUS.

QUAND Vespasien entra en Italie après le massacre de Vitellius, il n'y apporta pas une bonne renommée : on se rappellait avec peine que, durant le cours de son Edilité, Caligula, blessé du peu de soin que ce Magistrat apportait à la propreté des rues, l'avait fait couvrir de boue en sa présence par les Prétoriens de sa garde : on n'avait pas oublié ses bassesses, durant le cours de sa Préture, pour gagner les bonnes graces du même tyran, qui avait flétri à jamais son Edilité, en particulier la harangue prononcée en plein Sénat, pour remercier ce monstre de l'honneur qu'il lui avait fait de l'admettre à sa table. Une tradition très-récente voulait que dans son Proconsulat d'Afrique, il se fût fait détester des peuples, & que dans une fédition qui s'était élevée à Adrumate, les factieux lui euſſent jetté impunément des légumes à la tête ; ſi on ajoute à ce tableau des traits inouis d'avarice & les horreurs de la guerre civile dont il était, ſinon la cauſe, du moins l'inſtrument, on verra que Veſpaſien ne monta que ſous les auſpices les plus ſiniſtres au Trône des Céſars, & qu'il faut le compter entre les exemples rares des Princes qui doivent à leur ambition ſatisfaite, d'être devenus de grands hommes.

Mucien, dans l'intervalle qui s'écoula entre la mort de Vitellius & l'entrée de Veſpaſien dans Rome, ne contribua pas peu, par ſes excès, à rendre ce dernier odieux. Cet ancien Gouverneur de Syrie, qui avait originairement contribué à la révolution, affectait le pouvoir ſouverain ; il ne ſortait qu'avec un cortège nombreux de courtiſans, rempliſſait de gardes les avenues de ſon palais, &, dépoſitaire du ſceau impérial, il en abuſait pour ſatis-faire ſes vengeances perſonnelles : c'eſt

ainsi qu'il fit enlever Calpurnius Gale-
rianus , de l'illustre famille des Pison ,
avec ordre de lui faire ouvrir les veines
quand il serait à quarante milles de
Rome.

L'infortuné avait épousé la fille de
Pison , Proconsul d'Afrique ; & Mucien ,
qui appréhenda la vengeance de cet homme
puissant , résolut de le prévenir. Sans autre
forme de procès, il fit partir un Centurion
chargé de le tuer : l'ordre transpira ; &
à l'arrivée du satellite de Mucien , Pison
le fit traîner à l'échafaud : ce coup hardi
n'eut point le succès que le Proconsul
pouvait en attendre ; c'était un ambitieux
sans caractère , qui , après avoir tiré l'épée
contre son Souverain , n'osait en jetter le
fourreau. Le Commandant de la légion
d'Afrique , qui relevait immédiatement
de l'Empereur , envoya un détachement
de cavalerie qui entra , l'épée à la main,
dans Carthage , & tua Pison dans son
palais. On répandit , après la mort du
Proconsul , qu'il avait voulu s'élever au

Trône des Céfars : mais perfonne ne le crut, pas même Vefpafien.

Vefpafien était à Alexandrie, où il était venu vifiter le fameux temple de Sérapis, quand on lui apprit le maffacre de fon rival ; comme il avait été proclamé Empereur fans pompe, & qu'il ne pouvait affecter ces dehors de l'autorité fuprême, qui en impofent à la multitude, il fe tenait prefque caché dans le fanctuaire du dieu Egyptien. Le hafard le fervit bien mieux que fa politique : deux hommes du peuple, l'un aveugle & l'autre boiteux, fe préfentèrent à fon tribunal, & lui demandèrent leur guérifon ; ils lui dirent que Sérapis leur avait promis dans un fonge, que fi le Prince daignait frotter les yeux de l'un avec fa falive, & toucher l'extrémité du pied de l'autre, ils recouvreraient leur fanté. Vefpafien ne foupçonna pas d'abord l'adroite politique de ces prétendus malades, qui cherchaient à lui faire honneur d'un miracle auprès d'une multitude, à qui on ne pouvait parler que la langue de la superstition, & doutant du succès, il n'osait tenter l'évènement; mais un de ses amis, qui était du secret, l'encouragea ; il se rendit aux instances des deux imposteurs, & ils furent guéris.

Le Sénat n'attendit pas l'entrée de Vespasien dans Rome, pour lui décerner tous les titres de la toute-puissance. On a trouvé, dans un monument, le Sénatusconsulte qui fut dressé à cet effet, & le voici dans toute son intégrité originale : ce morceau précieux, jette le plus grand jour sur la politique Romaine & sur le pouvoir légitime des Césars.

Nous statuons que Vespasien ait le droit de faire alliance avec quelque puissance que ce soit, comme ce droit a été accordé à Claude, à Tibère & à Auguste.

Qu'il ait le droit, ainsi que ces mêmes Princes, de convoquer le Sénat, d'y proposer ce qu'il voudra, de le congédier, & de faire des ordonnances de la compagnie, en proposant les affaires, & en demandant les suffrages.

Que lorſque le Sénat ſe tiendra par ſon ordre, & en ſa préſence, tout ce qui s'y réglera ait la même force que ſi la Compagnie avait été convoquée, & ſe tenait ſelon les loix de la République.

Que quand Veſpaſien aura recommande au Sénat ou au peuple Romain des candidats pour les charges, pour les magiſtratures, ou pour les commandemens, on ait égard extraordinairement dans toute aſſemblée à ſon ſuffrage.

Qu'il lui ſoit permis, ainſi qu'il l'a été au Céſar Claude, d'étendre les bornes de l'enceinte de la ville auſſi loin qu'il le jugera convenable, pour l'intérêt de la République.

Qu'il ait le pouvoir & l'autorité, ainſi que Claude, Tibère & Auguſte, de faire tout ce qu'il croira avantageux à l'Etat qu'il gouverne & digne de la majeſté de l'Empire, ſoit pour l'économie publique & les affaires particulières, ſoit pour les choſes du reſſort de la politique & du reſſort de la religion.

Qu'il soit dispensé, ainsi que ces trois Princes, de se conformer aux loix & aux ordonnances du peuple, & qu'il lui soit permis de faire tout ce qu'ils ont fait en vertu de quelque loi ou de quelque Sénatus-consulte.

Que tout ce qui aura été exécuté & ordonné par Vespasien, & tout ce qu'on aura fait par son ordre avant la promulgation de la présente loi, soit censé légitime, comme si on n'avait fait qu'obéir aux ordres de la République.

Si quelque Citoyen, en vertu de cette loi, a fait ou doit faire désormais quelque chose contre les arrêts du Sénat, ou les ordonnances du peuple, ou si au contraire il ne fait pas ce qu'il était tenu de faire par ses arrêts & ses ordonnances ; que ce Sénatusconsulte soit sa sauvegarde ; qu'il ne soit pas condamné à une amende pour sa transgression ; que personne n'ait action contre lui, & qu'il ne soit cité à aucun Tribunal.

Ce Sénatusconsulte consacre le plus

violent defpotifme : il eft plus fort encore que la célèbre loi royale de Danemarck ; on ne revient pas de fon étonnement, quand on voit quelles chaînes fe donnait le peuple qui avait été le plus libre de la terre, & qui avait le plus abufé de fa liberté.

Vefpafien profita de cet acte folemnel d'adulation qui rendait fon defpotifme légitime, pour faire le bien avec quelque énergie ; il ôta d'anciens privilèges, qui ne fervaient qu'à fomenter des abus, à la Syrie, à l'Achaye, aux villes de Rhodes, de Byzance & de Samos, & aux petites fouverainetés de la Thrace, de la Cilicie & de la Comagène, & réduifit toutes ces contrées en provinces Romaines : c'était un trait de bienfaifance d'incorporer au peuple dominateur des républicains fans caractère, qui ne favaient pas fe gouverner, ou des fujets amollis par le luxe que leurs Rois ne favaient pas défendre.

Son premier foin avait été de raffermir du côté de la conftitution militaire, l'Empire que tant de secousses violentes avaient ébranlé ; il réprima les soldats, dont les uns enorgueillis par leur victoire, & les autres pleins du ressentiment de leur ignominie, s'abandonnaient à une licence effrénée ; les Officiers des derniers furent cassés avec opprobre ; pour les légions qui avaient été les instrumens de ses triomphes, non-seulement il ne leur accorda point de récompenses extraordinaires, mais même il ne leur donna que très-tard la gratification qu'il avait été forcé, par le malheur des temps, de leur promettre à son avènement.

Cet amour pour l'ancienne discipline se décelait jusques dans les plus petits objets. Un jour un jeune-homme se présenta à son Tribunal tout parfumé, pour le remercier d'un petit Gouvernement militaire dont il l'avait pourvu ; le Prince jettant sur lui un regard d'indignation, lui dit avec mépris : *j'aimerais mieux que tu sentisses l'ail*, & il révoqua ses lettres de provision.

L'ordre du Sénat & celui des Chevaliers, épuisés par divers maſſacres , & déshonorés par une foule de sujets indignes que le deſpotiſme y avait placés, eurent part à la grande réforme nationale exécutée par Veſpaſien. Ce Prince, en qualité de cenſeur , fit la revue des deux ordres, chaſſa les membres qui les dégradaient, & les remplaça par les meilleurs Citoyens qu'il put trouver en Italie & dans les provinces.

Le luxe & la dépravation des mœurs avaient amené avant le temps la décadence de Rome: Veſpaſien y mit les faibles bornes, que les circonſtances délicates où il ſe trouvait pouvaient autoriſer ; il fit un réglement contre l'uſure, & demanda un Sénatuſconſulte , pour condamner à l'eſclavage toute femme libre qui ſe proſtituerait à un eſclave qui ne lui appartiendrait pas ; il ne ſe crut pas aſſez puiſſant, ſans doute, pour ſévir contre l'épouſe adultère qui paſſerait dans les bras de ſon propre eſclave.

Vespasien était d'autant plus porté à l'indulgence sur les mœurs, qu'il en avait besoin pour lui-même ; il avait aimé éperdument l'affranchie Cenis, avant de contracter le mariage assez obscur avec Flavia Domitilla, dont il eut Titus & Domitien ; & devenu veuf, il ne rougit point de la reprendre auprès de lui dans le palais des Césars, & de lui faire déférer une partie des honneurs d'une épouse légitime.

Cenis mourut, & il la remplaça par un nombreux serrail à la manière des Monarques de l'Orient : des courtisanes mêmes entrèrent dans le lit Impérial ; une d'elles prétendit avoir conçu pour lui une passion effrénée, & le Prince, tout avare qu'il était, acheta ses faveurs quatre cents mille sesterces ; le lendemain, son Intendant vint lui demander sous quelle dénomination il placerait cette dépense dans son livre de compte : celui-ci, que son âge & le peu d'agrément de sa figure éclairaient sur le mensonge adroit de la courtisane, répondit avec ironie, *pour un amour violent qu'a fait naître Vespasien.*

Ces taches légères ne tendaient qu'à faire ressortir le caractère heureux de Vespasien. L'histoire ne tarit point sur l'éloge de sa modestie : loin de rougir de l'obscurité de sa naissance, il paraissait faire gloire d'être le premier de sa maison ; il détruisit lui-même la généalogie qui faisait remonter l'origine de sa maison jusqu'à un compagnon d'Hercule ; le jour où il triompha des Juifs, fatigué de la lenteur de la marche, & excédé d'ennui, *je suis puni comme je le mérite*, dit-il ; *il me convenait bien à mon âge de copier un Camille ou un Scipion, comme si le triomphe était dû à mes ancêtres, ou que la nature de mes exploits me permit d'y prétendre !* Ce ne fut que vers la fin de son règne qu'il consentit à prendre le titre de père de la patrie, c'est-à-dire lorsque, graces à ses institutions, Rome put se dire vraiment la patrie de l'homme vertueux & des Philosophes.

Personne n'était plus indulgent que Vespasien pour ses amis ; il ne fit jamais de reproches en public à Mucien, que le souvenir de ses services portait quelquefois à lui manquer de respect, & lorsque les mœurs dépravées de ce Sénateur firent trop d'éclat, il se contenta de s'en plaindre à un ami commun : ses ennemis mêmes ne trouvaient point de fiel dans son cœur ; il ne rechercha aucun de ceux qui avaient porté les armes contre lui pendant la guerre civile, & il dota lui-même avec magnificence la fille de Vitellius.

Jamais la défiance ne porta Vespasien à faire mourir un Citoyen ; il était persuadé, comme Sénèque l'avait dit à Néron, qu'un Prince électif ne fait jamais mourir son successeur : ses amis l'avertirent en vain de se donner de garde de Pompesianus, dont le thème natal, suivant le bruit populaire, lui promettait l'Empire ; il le fit Consul, & assura ses courtisans que si jamais il régnait, il se souviendrait de ce service.

Il ne sévit point d'abord contre Helvidius Priscus, le gendre du fameux Thraséa, qui, à son retour de Syrie, fut le seul qui refusa de le saluer sous le titre de César, & qui ne fit pas la plus légère mention de lui dans tous les édits qu'il publia durant le cours de sa Préture : son couroux ne s'alluma qu'après une altercation violente qu'il eut en plein Sénat avec ce hardi républicain, & où il se vit traité comme son égal ; alors il le bannit de l'Italie : ensuite, sur les instances de quelques hommes de sang, dignes d'être les Ministres d'un Néron, il eut la faiblesse de signer son arrêt de mort ; il est vrai que le lendemain, revenu à son heureux naturel, il se hâta de révoquer la sentence de proscription, & envoya un contre-ordre au Centurion chargé de lui apporter la tête d'Helvidius. Mais il n'était plus temps, & le sang du républicain était versé. En général, Vespasien était si éloigné de se réjouir de la perte d'un Citoyen, que même à l'aspect du supplice d'un fcélérat, il témoignait, par des larmes, fa fenfibilité.

Pour qu'il ne manquât rien à la gloire de ce Prince, il accueillit avec diftinction, ainfi que Périclès & Alexandre, les lettres & les arts; fes gratifications allèrent chercher, aux extrémités de l'Empire, les meilleurs Poëtes & les plus fameux artiftes, dont le talent, faute d'encouragement, était fur le point d'avorter; il fit revivre les anciennes farces lyriques au théatre de Marcellus, & affigna le premier fur le fifc des Céfars, aux Profeffeurs d'éloquence grecque & latine, un revenu annuel de cent mille fefterces.

Le feul vice que Vefpafien ait porté de la vie privée au Trône des Céfars, eft fa paffion pour l'argent; il ne fe contenta pas de rétablir les impôts qu'avait ôtés Galba, & d'en créer de nouveaux plus onéreux encore : il ne fe fit encore aucun fcrupule de vendre les honneurs aux candidats, & aux accufés convaincus, l'abfolution de leurs délits : on prétend qu'il choififfait à deffein, pour fes Agens dans les finances, des hommes d'une avidité reconnue, afin de les condamner enfuite quand ils fe feraient enrichis, fe fervant d'eux, dit l'Hiftorien des Céfars, comme d'éponges qu'on humecte quand elles font sèches, & qu'on sèche enfuite quand elles font humectées.

Cette pente à l'avarice lui fut reprochée un jour affez durement par un de fes anciens efclaves, qui, le voyant Empereur, lui demandait d'être mis gratuitement en liberté. Le Prince exigea une rançon; & l'efclave ne put s'empêcher de dire, *je vois bien que le renard peut changer de poil, mais non pas de caractère.*

Il s'étudiait quelquefois à couvrir, par des railleries, ce vice fi vil dans tous les hommes, & fur-tout dans un Souverain. Un de fes Officiers qu'il confidérait beaucoup, lui demanda un jour un emploi pour un Citoyen qu'il difait être fon frère : fa requête fut remife à un autre jour, pour être examinée. Dans l'intervalle,

Vespasien manda le Candidat, se fit donner la somme qu'il avait promise à son protecteur, & le revêtit de l'emploi; ensuite rencontrant l'Officier dans le palais: *Mon ami*, lui dit-il, *je te conseille de te pourvoir d'un autre frère; car celui à qui tu en donnes le nom se trouve être le mien.*

Ce Prince avait mis un impôt sur les immondices, & Titus son fils, lui en faisait souvent des reproches; le premier argent que Vespasien toucha de cette exaction, il le porta au nez de son fils, & lui demanda s'il sentait mauvais; *cependant,* ajouta-t-il, *tu sais quelle en est l'origine.*

Des députés d'une Colonie Romaine lui étant venu annoncer que, par une délibération publique, on avait destiné une somme très-considérable pour lui ériger une statue colossale: *placez-la ici,* leur dit-il en leur présentant le creux de sa main, *voici la base de ma statue.*

Vespasien avait, à cet égard, une si mauvaise renommée, qu'après sa mort, lorsque tous les ordres de l'Etat pleuraient la perte du père de la patrie, on se permit encore des railleries sanglantes contre sa mémoire. A la pompe de ses obsèques, le chef des bouffons, qui représentait la personne du mort, & qui, suivant l'usage, en exprimait le caractère, demanda aux Intendans à quoi montait la dépense de la cérémonie; on lui répondit qu'elle allait à dix millions de sesterces: *eh bien!* s'écria-t-il, *donnez-moi cette somme, & jettez, si vous le voulez, mon cadavre dans la rivière.*

Cette avarice n'empêcha pas Vespasien de faire éclater sa libéralité, à l'égard de tous les ordres de l'Etat; il facilita à des patriciens, par ses largesses, l'entrée du Sénat; il accorda à des Consulaires indigens, une pension de cinq cents mille sesterces, & il rétablit avec magnificence plusieurs villes endommagées par des tremblemens de terre ou par des incendies.

Quelques enthousiastes de ce Prince ont prétendu qu'il ne fallait attribuer ses rapines & ses extorsions qu'au malheur des temps, & à la nécessité de mettre de l'ordre dans les finances ; en effet, à son avènement à l'Empire, il déclara publiquement que la République avait besoin, pour subsister, de quarante mille millions de sesterces : ce qui, suivant le calcul de quelques savans, reviendrait à-peu-près à cinq mille millions de notre monnaie. Au reste, je ne dois pas laisser ignorer que cette évaluation a paru si forte au célèbre Budé, que, de son autorité privée, en changeant un mot au texte de Suétone, il réduit au dixième la dette nationale (a) ; mais ce n'est pas à nous, avec nos petits biens & notre petite magnificence, à juger des Romains.

En général, Vespasien fit un excellent usage de l'argent qu'il acquérait par les voies les plus odieuses : le Capitole avait été brûlé pendant la guerre civile qui pré-

____

(a) C'est, en substituant le mot de *quadrágies*, à celui de *quadringenties*.

céda fon avènement ; non-feulement il donna des fommes immenfes pour réparer ou rebâtir à neuf fes temples & fes monumens, mais afin d'encourager les manœuvres, lui-même porta fur fes épaules, des décombres ; trois mille tables d'airain avaient été brûlées, il fit faire une recherche exacte des exemplaires, & les rétablit : ces tables renfermaient les Sénatufconfultes, les Plébifcites, les traités d'alliance, & les privilèges des peuples conquis, prefque depuis Romulus, jufqu'à l'extinction de la maifon des Céfars.

On eft fâché de trouver parmi les traits de la magnificence de Vefpafien, des fommes énormes données du fifc impérial à l'ingénieur qui reftaura le fameux coloffe de Néron. Ce monument, de l'orgueil d'un Defpote, eft célèbre par fes révolutions : l'affaffin d'Agrippine & de Britannicus y avait fait mettre fa tête ; Vefpafien l'ôta, & y fubftitua celle du foleil ; Commode, dans la fuite, enleva la tête du foleil pour la remplacer par la fienne :

aujourd'hui, il n'y a plus ni tête ni coloſſe; mais on ſe ſouvient toujours à
Rome de la tyrannie des Commode &
des Néron.

Veſpaſien, contre l'uſage des Céſars,
avait l'eſprit dégagé de toutes les vaines
terreurs de la ſuperſtition. Vers la fin de
ſon règne, on vint lui dire, pour l'effrayer,
que le mauſolée des Céſars s'était tout
d'un coup entr'ouvert; il répondit que ce
préſage ne pouvait le regarder, parce qu'il
n'était pas de la maiſon d'Auguſte; des
augures lui montrèrent auſſi en tremblant
une comète chevelue qui embrâſait le fir-
mament, & il dit en riant que cet aſtre
nouveau ne pouvait le menacer, parce
qu'il était chauve, mais ſeulement le Roi
des Parthes, qui portait une longue che-
velure.

Le courage philoſophique, ainſi que la
terreur ſuperſtitieuſe, ne ſont point un pré-
ſervatif contre la mort. Veſpaſien était
dans ſon neuvième Conſulat, & dans la
dixième année de ſon règne, quand par-

courant la Campanie pour y faire maintenir sa légiflation, il se sentit atteint de légers mouvemens de fièvre; il se hâta de se rendre dans sa maison de plaisance de Riéti, où il avait coutume de passer le temps de la canicule; il augmenta son indisposition par l'usage des eaux minérales de Cutilies, dont la fraîcheur offensa ses intestins; alors il sentit son danger, & sa philosophie se jouant, soit de la mort, soit de l'apothéose que Rome lui destinait : *mes amis*, dit-il en souriant, *je m'imagine que je deviens dieu*. Malgré les accès d'une fièvre ardente, il n'interrompit en rien ses fonctions accoutumées; du lit où il reposait, il donnait audience aux Ambassadeurs. Un cours de ventre l'ayant réduit à l'extrémité, il fit un effort pour se lever, en disant *qu'un Empereur devait mourir debout*, & il expira dans les bras de ceux qui le soutenaient : il était âgé d'un peu moins de soixante & dix ans.

La paix de Rome, sous Vespasien, ne

fut guères troublée que par la révolte de Civilis, un des héros des Bataves. On vit dans cette guerre un grand exemple de la dégradation de la vertu Romaine ; des légions chargées de la défenfe de la patrie contre les Barbares, s'avilirent jufqu'à leur prêter ferment. Ceréalis fut envoyé contre le rebelle ; il parut d'abord mal foutenir fa renommée ; pendant qu'il était tranquille à Trèves, l'ennemi força fes lignes, mit fa cavalerie en déroute, & s'empara d'un pont qu'il avait jetté fur la Mofelle ; mais dès le lendemain, le Romain reprit fa fupériorité, & remporta fur les Barbares une victoire fignalée. Une autre non moins mémorable auprès de Vetera détruifit les grandes efpérances de Civilis, qui fut obligé de plier fous le joug de fon vainqueur : fa foumiffion entraîna celle de la Germanie.

Pendant que Civilis cherchait à rendre les Bataves indépendans, le Gaulois Sabinus faifait révolter Langres, & avait l'infolence de prendre le nom de Céfar.

Les Sequanais le défirent ; & , pourfuivi par fes vainqueurs , il s'enfuit dans une maifon de plaifance à laquelle il mit le feu , afin de perfuader aux Romains qu'il avait péri ; enfuite il s'enfonça dans des grottes fouterraines avec Eponine fon époufe , héroïne digne de naître dans l'âge des Clélie & des Lucrèce. Le couple infortuné demeura neuf ans dans cet afyle fauvage , n'ayant que l'amour pour lutter contre la fortune ; au bout de ce long intervalle , il fut découvert & mené à Vefpafien. Eponine tâcha d'attendrir ce Prince , & lui préfentant fes enfans : *Céfar*, lui dit-elle, *j'ai mis au monde ces malheureux , & je les ai allaités dans l'horreur des ténèbres , afin d'offrir à ta clémence un plus grand nombre de fupplians.* Une abominable raifon d'Etat empêcha Vefpafien de fuivre la pente de fon cœur, & il envoya Sabinus & Eponine au fupplice : l'héroïne n'attendit pas qu'on lui lût fa fentence pour exhaler fon reffentiment contre fon Juge impitoyable ; elle se reprocha les prières auxquelles elle s'était abaissée, & déclara qu'elle avait vécu avec plus de satisfaction dans l'obscurité d'un tombeau, que lui-même ne vivrait jamais sur le Trône : l'exécution de cette illustre Gauloise fit frémir Rome entière, & le bon Plutarque ne craint pas d'attribuer à la vengeance, que les dieux en tirèrent, la chûte de la maison de Vespasien.

Vespasien, malgré ces taches légères, fut le bienfaiteur du monde, & s'il fut moins regretté qu'il ne devait l'être, c'est qu'il fut remplacé par Titus, appellé par son siècle & par la postérité, *les délices du genre humain*. Titus, né l'année du meurtre de Caligula, avait été élevé au palais Impérial avec Britannicus ; il y avait entre les deux Princes une si grande intimité, qu'au festin qui termina d'une manière si tragique les jours du fils de Claude, son jeune ami, étant assis auprès de lui, goûta, dit-on, le breuvage empoisonné, & il vit pendant long-temps ses jours en danger. Cette anecdote terrible n'était point faite pour être oubliée ; aussi Titus, dès qu'il fut entré en convalescence, fit faire une petite statue d'or de Britannicus, qu'il plaça dans l'appartement qu'il occupait au palais, & qu'il révèra comme un de ses dieux pénates, malgré le ressentiment que devait en conserver son assassin.

Ce n'est point une observation indifférente pour l'histoire des mœurs & de l'esprit humain, que de dire que les Citoyens de Rome avaient, dans leurs maisons, les statues de leur famille & des grands hommes de leur nation ; ils plaçaient celles qui n'étaient que pour le faste, dans des galeries : mais pour celles qui représentaient leurs amis, ou des hommes dont la mémoire leur était chère, ils les rangeaient avec ordre dans l'appartement où ils couchaient ; on y voyait souvent à la fois des statues, des portraits & des médailles : on honorait toutes ces représentations du même culte que les Dieux Lares. Lorsque sous les Césars la coutume fut venue de se montrer l'ami du Prince par de basses adulations, les grands de Rome ne manquèrent pas d'avoir toujours, auprès du chevet de leur, lit une petite statue d'or de l'Empereur régnant; plus ils redoutaient sa férocité, plus ils enfumaient d'encens son image. Les meurtriers de Caligula ne manquaient jamais tous les matins de faire à la statue de ce monstre cette espèce d'apothéose.

Titus, dès son enfance, réunit les dons physiques de la nature au germe des grandes qualités de l'ame, & l'âge ne fit qu'ajouter un nouvel éclat à ses perfections. Sa beauté était un mêlange intéressant de majesté & de graces; il maniait les armes avec adresse, paraissait assez versé dans les langues Grecque & Latine pour jouer le personnage d'improvisateur, & avait une plume si exercée, qu'en se jouant avec ses secrétaires, il imitait tous les seings qu'on lui présentait : aussi, disait-il souvent, qu'il n'eût tenu qu'à lui d'être le premier faussaire de son Empire.

Ses premières campagnes furent dans la guerre des Juifs ; dans une action très-vive, il eut un cheval tué fous lui, & remonta à l'inftant fur celui d'un ennemi après l'avoir renverfé d'un coup d'épée.

Vefpafien était déjà révêtu de la pourpre Impériale, quand Titus s'empara de Jérufalem ; au dernier affaut qu'il livra à cette ville infortunée, on prétend qu'il tira douze flèches, & qu'il tua autant d'ennemis. Son armée, après le fac de la Métropole de la Paleftine, le falua Empereur ; ce qui fit naître le bruit populaire que le jeune héros s'était révolté contre fon père, & voulait fonder une Monarchie en Orient. Titus ajouta du poids à ce foupçon, en affiftant dans Memphis à la confécration du bœuf Apis, & en portant, pendant la cérémonie, le diadême des Pharaons ; mais bientôt inftruit de l'interprétation finiftre que fes ennemis donnaient, à la Cour, de cet évènement, il s'embarqua fur un vaiffeau marchand qui mettait à la voile, & vint ſurprendre Veſpaſien à Rome ; en l'abordant, il ne lui dit que ces mots : *oui, mon père, me voilà*, & l'Empereur goûta ſon apologie.

Depuis ce moment, Titus partagea avec ſon père le fardeau de l'Empire ; il triompha avec lui, & fut ſon collègue dans ſept Conſulats & dans la Cenſure.

La conduite de ce Prince, pendant cette aſſociation au Trône des Céſars, ne fut pas exempte de tout reproche ; on lui reprocha de n'avoir puni Cécina, un perſonnage Conſulaire qui voulait faire révolter les légions, qu'en l'invitant à dîner avec lui, & en le faiſant aſſaſſiner au ſortir du repas. Rome redoutait non-ſeulement ſa cruauté, mais encore ſa pente au libertinage ; il eſt certain qu'il s'était formé dans le palais Impérial un ſerrail compoſé d'eunuques & de jeunes eſclaves qui lui ſervaient de ganymèdes ; mais tous ces préſages ſiniſtres furent détruits à ſon avènement à l'Empire.

Il commença par renvoyer en Orient

Bérénice, une Reine de Judée qu'il aimait éperdument, & dont il était aimé avec idolatrie. Cette Romaine, dont l'amour fit faire à Titus un si beau trait de grandeur d'ame, avait la beauté de Cléopatre & ses mœurs; il passait pour constant à Rome qu'elle vivait dans un commerce incestueux avec son frère, & si elle avait épousé Titus, comme le Prince le lui avait fait espérer, elle aurait probablement fait oublier Julie & Messaline.

Racine qui, avec l'ame de Sapho & la plume de Virgile, a chanté les adieux des deux amans, s'est bien gardé de faire passer dans son drame le jour odieux que l'histoire a répandu sur les mœurs de Bérénice; au contraire, à force de rendre son héroïne intéressante, il rend ses faiblesses respectables.

Les hommes insensibles qui ont critiqué avec tant d'amertume cette pièce de Racine, dont l'unique défaut paraît être d'avoir le nom de tragédie, n'ont pas assez fait d'attention à l'art du Poëte d'avoir fait, dans presque toutes ses scènes un tableau vivant & fidelle des mœurs de Rome & de celles de son Souverain. Voyez avec quelle adresse Suétone est fondu dans ces beaux vers :

Je puis faire les Rois, je puis les déposer ;
Cependant de mon cœur, je ne puis disposer.
Rome, contre les Rois de tout temps soulevée,
Dédaigne une beauté dans la pourpre élevée ;
L'éclat du diadême & cent Rois pour aïeux,
Déshonorent ma flamme & blessent tous les yeux.

. . . .

Sont-ce là les projets de grandeur & de gloire,
Qui devaient dans les cœurs consacrer ma mémoire?
Depuis huit jours je règne ; & jusques à ce jour,
Qu'ai-je fait pour l'honneur, j'ai tout fait pour
    l'amour.
D'un temps si précieux quel compte puis-je rendre ?
Où sont ces heureux jours que je faisais attendre ?
Quels pleurs ai-je sechés? dans quels yeux satisfaits
Ai-je déjà goûté le fruit de mes bienfaits?
L'univers a-t-il vu changer ses destinées?
Sais-je combien le ciel m'a compté de journées?
Et de ce peu de jours si long temps attendus :
Ah malheureux ! combien j'en ai déjà perdus !

Ces derniers vers consacrent la pente

singulière de Titus à la bienfaisance ;
suivant une institution de Tibère , les
donations faites par les Céfars n'obligeaient
point leurs fucceffeurs , à moins qu'ils ne
confentiffent à les renouveller. Le fils de
Vefpafien n'attendit pas qu'on follicitât
cette confirmation , & par un édit général, il rendit ftables tous les dons de
fes prédéceffeurs ; il avait pour principe
de ne renvoyer perfonne fans lui laiffer
l'efpérance d'obtenir la grace qu'il venait
demander. Un jour à fouper, il fe fouvint
d'avoir paffé la journée fans avoir fait de
bien à perfonne : *ô mes amis , s'écria-t-il
alors, voilà un jour que j'ai perdu* ; mot
fublime de fentiment, qui a confervé jufqu'à nos jours fa jufte célébrité.

Sous l'empire de ce Prince, il arriva,
comme nous l'avons vu , d'affreux défaftres ; pour y remédier, Titus fe con-
duifit non-feulement en Prince, mais en
père de fes peuples ; tantôt il donna des
édits pour confoler les infortunés, tantôt
il tira du fifc Impérial de quoi réparer

leurs malheurs ; quand Rome fut em-
brâſée, il déclara ſolemnellement que ce
déſaſtre ne regardait que lui ſeul, & il
vendit les meubles les plus magnifiques
du palais des Céſars, pour rétablir les temples & les monumens endommagés par
l'incendie.

Parmi les fléaux de ſon règne & de
tous les règnes abſolus, on peut compter
les délateurs ; Titus ne permit pas à cette
ancienne peſte de l'Etat de s'invétérer ;
il fit fouetter publiquement les coupables,
les expoſa en ſpectacle ſur l'arène de l'amphithéatre, ou les bannit dans des îles
diſgraciées de la nature.

Titus aſſis ſeul ſur le Trône d'Auguſte,
chercha à faire oublier à Rome l'odieux
du meurtre de Cécina, en ne conſentant
à la mort de perſonne ; il diſait ſans ceſſe
qu'il aimerait mieux périr que de cauſer
la perte d'un Citoyen ; deux Patriciens
ayant été convaincus de complot pour
uſurper l'Empire, il ſe contenta de leur
conſeiller de ſe déſiſter de leur projet,

en les affurant que c'était le deftin qui avait mis le pouvoir fuprême dans fa maifon. Non content de ce trait de clémence, il les admit familièrement à fa table ; & le lendemain, dans un fpectacle de gladiateurs, les ayant à deffein fait affeoir à côté de lui, il leur fit manier les armes des combattans qu'on venait lui préfenter.

Domitien fon frère fut le feul homme dont tant de vertu ne put adoucir la férocité ; il ne ceffa jamais de lui tendre des embuches ; il foulevait prefqu'ouvertement les gens de guerre, & faifait, dans Rome même, les apprêts d'une guerre civile. Titus, toujours ferme dans fes principes, ne put fe réfoudre ni à le faire mourir, ni même à l'éloigner de fa perfonne ; il fe contenta de temps en temps de le prendre en particulier, & de le conjurer, les larmes aux yeux, de payer fa tendreffe de retour. Cette fécurité fatale lui coûta la vie, s'il en faut croire Philoftrate. Domitien profita de l'accès qu'il avait auprès de sa personne, pour lui donner un breuvage empoisonné dont il mourut (a); il manquait ce crime au frère de Titus pour le rendre un des monstres les plus abominables qui se soient joué des mœurs, de la nature, des loix, des hommes & de la vertu.

Au reste, l'imputation de Philostrate est peut-être fondée sur ce que Domitien pouvait faire, plutôt que sur ce qu'il a fait; il est certain que Suétone, ni les autres Historiens, ne font mourir Titus de mort violente. Suivant la tradition qu'ils ont adoptée, on remarqua que ce grand homme, sur la fin d'un spectacle, versa devant le peuple des larmes en abondance: on ignorait quel pouvait en être le motif, quand il était heureux

---

(a) *Titum ab Apollonio admonitum, ut ab his sibi caveret qui essent propinquissimi, necatum que esse à Domitiano veneno leporis marini propinato.* Voy. Philostrat. *Vit. Apoll. Tyan.* lib. 6.

du bonheur qu'il procurait à la nation, & on regarda cet évènement comme un préfage de fa perte. Titus inquiet, voulut aller vifiter le pays des Sabins, & à la première journée de fon voyage, il fut attaqué de la fièvre ; comme on le portait en litière, il tira les rideaux, & regardant le ciel, il fe plaignit amèrement de perdre le jour fans l'avoir mérité ; il ajouta qu'il n'y avait qu'une feule action de fa vie qui pût lui arracher des remords. Ce mot fit naître bien des conjectures ; on crut qu'il s'agiffait d'un commerce inceftueux avec Domitia fa belle-fœur ; mais il eft plus probable qu'il voulait parler du meurtre de Cécina, ou de la vie licentieufe qu'il avait menée quelques années avec fes eunuques & fes ganymèdes.

Titus mourut dans le même village que Vefpafien, à l'âge de quarante-un ans, & après un règne de deux ans, deux mois : la mort de cet excellent Prince, dont le genre humain dut porter le deuil, tombe vers l'an 833 de l'ère du Capitole.

Rome s'embellit fous Titus & fous Vefpafien de deux monumens, dont les ruines vénérables atteftent encore après tant de fiècles le goût de ces Princes & leur magnificence.

L'un eft le temple de la paix, édifice de trois cents quarante pieds de long fur deux cents cinquante de large, fans compter un portique immenfe qui fut bâti fur les débris du palais d'or de Néron. Pline en parle comme d'une merveille du monde : on y avait raffemblé les tableaux des Timanthe & des Protogène, ainfi que les chefs-d'œuvre de la fculpture grecque, en particulier un grouppe énorme d'un feul bloc de bafalte qui repréfentait le Nil avec feize enfans qui jouaient autour de fon urne ; les murs intérieurs étaient revêtus de lames de bronze doré, & le fanctuaire réuniffait les dépouilles les plus précieufes du temple de Jérufalem.

L'autre monument, non moins digne de la grandeur Romaine, eft l'amphithéâtre Flavien, plus connu fous le nom de Colisée, dont nous avons fait graver une vue dans cette hiſtoire. Cet édifice, de forme elliptique, & formé de quatre colonnades l'une ſur l'autre, avait cent cinquante-ſix pieds de hauteur, & ſeize cents douze de circonférence. Il pouvait, dit-on, contenir quatre-vingt-ſept mille ſpectateurs. Veſpaſien le fit conſtruire par douze mille eſclaves Juifs, & ce fut Titus qui en fit la dédicace.

LONGUE TYRANNIE DE DOMITIEN.

QUAND on paſſe du règne de Titus à celui de Domitien, on croit franchir un intervalle de mille ans, & tomber de la République de Platon à un vil ramas d'eſclaves aux ordres d'un Cannibale.

Domitien avait paſſé dans l'indigence & dans l'opprobre tout le temps de ſon adoleſcence. Suétone obſerve qu'alors il ne poſſédait pas en propre un ſeul vaſe d'argent : il était encore plus connu dans Rome par la dépravation de ſes mœurs ; il déshonora toutes les femmes qu'il connut, & voulut mettre la plupart de ſes amis au rang de ſes ganymèdes.

A la révolution qui plaça Veſpaſien ſon père ſur le Trône des Céſars, il ceſſa un moment d'être le Sardanapale de Rome pour ſe livrer à tous les excès du pouvoir abſolu ; de ſon propre chef, il conféra en un ſeul jour plus de vingt charges, tant de la capitale de l'Empire que des provinces, & Vespasien ne put s'empêcher de dire qu'il s'étonnait de ce que son fils ne lui nommait pas un successeur.

A la mort de ce grand Prince, Domitien tenta de corrompre les soldats pour partager avec Titus le Trône des Césars, & ses complots ayant avorté, il ne cessa de machiner, soit ouvertement, soit par des manœuvres secrètes, la perte de son frère. Le bienfaiteur de Rome & du monde mourut enfin ; & avant qu'il exhalât le dernier soupir, le monstre qui devait lui succéder, comme s'il eût cherché à justifier les soupçons que le peuple avait sur son parricide, ordonna de l'abandonner, & depuis, soit dans ses discours, soit dans ses édits, il ne parut empressé qu'à flétrir sa mémoire.

On peut juger de l'orgueil insolent de ce Despote par un mot qui lui échappa en plein Sénat le jour de son avènement *j'avais*, dit-il, *donné Rome à mon père & à mon frère ; il est temps qu'ils me*

rendent mes bienfaits. C'est avec une arrogance non moins insensée, que dictant
un jour la formule d'une lettre que ses
Intendans devaient publier en son nom,
il commença par ces mots : *voici ce qu'or-*
donne votre seigneur & votre dieu. Depuis
cette époque, personne n'eut la liberté,
soit en lui parlant, soit en lui écrivant,
de lui donner d'autres titres, & ce qu'il
y a d'étrange, c'est que les Romains se
consolaient de l'appeller dieu, parce qu'on
ne les forçait pas de l'appeller Roi ; ils
auraient assassiné Domitien portant la
couronne de Romulus, & ils se pros-
ternaient devant Domitien s'assimilant au
Jupiter du Capitole.

Le nouveau dieu de Rome ne se contentait pas d'un titre frivole ; il remplit
le monde entier de ses statues, & les victimes qu'on leur immolait dans Rome
étaient en si grand nombre, que les rues
en étaient souvent embarrassées : on versait
à grands flots, dit un Ecrivain contemporain, le sang des animaux pour honorer

l'image d'un tyran, ainſi que lui-même, verſait le ſang des hommes pour repaître ſa lente & froide barbarie (a); le monſtre était même ſi jaloux de ce nouveau genre d'apothéoſe, qu'il fit condamner au ſupplice une Romaine, dont l'unique crime était de s'être déshabillée devant une de ſes ſtatues.

A côté du texte original de Suétone, où Domitien Dieu eſt expoſé à l'indignation des ſiècles, on y donne aux Thraſéa & aux Helvidius, ces derniers héros de Rome expirante, le titre de

____

(a) Cet Ecrivain contemporain eſt Pline le jeune qui a raſſemblé pluſieurs anecdotes de la vie de Domitien dans ſon _panégyrique de Trajan_, ouvrage ingénieux, dont l'unique défaut eſt peut-être d'avoir été prononcé devant le grand homme qui l'avait mérité. Le ſecond Pline n'eſt pas le ſeul Ecrivain de poids que nous ajouterons à Suétone & à Dion dans ce précis ſur Domitien; nous retrouvons encore l'immortel Tacite, qui ſemble avoir écrit pour ce règne déſaſtreux ſa _vie d'Agricola_ & ſes _mœurs des Germains_.

sanctissimi viri, d'hommes très-saints ; ce qui donne lieu au Philosophe de faire une observation importante sur le peu de dégradation, que la religion Romaine avait subie dans ces temps malheureux. La religion, dans l'ancienne République, consistait en général à se dévouer à la patrie ; suivant ce culte, il n'y avait qu'un Dieu, c'était le Jupiter tonnant du peuple, ou le *Deus optimus maximus* des Sages ; les demi-dieux étaient Mars, Vénus, Apollon, & cette foule d'intelligences qu'Héfiode a chantées dans fa Théogonie, & Ovide dans fes Métamorphofes ; pour fes faints, c'étaient fes grands hommes, les Fabricius, les Camille, les Caton, les Thraféa, les Titus, & il faut avouer que ces faints valaient bien les demi-dieux de la Mythologie.

Pendant qu'on enivrait Domitien d'un encens facrilège, l'adminiftration intérieure était négligée ; il y eut une difette de bleds dans l'Empire, & comme dans le même temps le vin se recueillait par-tout en abondance, le tyran inepte s'imagina que la culture des vignes faisait négliger les terres; alors il défendit de faire de nouveaux plants en Italie, & il voulut qu'on arrachât la moitié des vignobles dans les provinces. Ce ne fut que sur les réclamations de tous les ordres de l'Etat, qu'il ne persista pas à exiger l'exécution de son absurde ordonnance.

Domitien, tout en violant avec la stupidité des Despotes de l'Orient, l'économie politique de ses Etats, s'affichait comme le censeur des mœurs & le soutien de l'ancienne constitution : ses contradictions à cet égard parurent avec éclat dans le procès de Cornélie, une des vestales ; ce Prince s'était proposé de la faire enterrer vive, dans la pensée d'illustrer son siècle par cet exemple de sévérité ; il était plus aisé de lui faire subir son supplice, que de prouver son délit à ses concitoyens. Cornélie mourut en héroïne ; elle attesta Vesta jusqu'au bord de la tombe qu'elle n'avait jamais violé sa virginité. Sur le point de defcendre dans le fatal caveau, fa robe s'étant accrochée, elle la ramena fur elle avec une attention qui défignait des principes de pudeur dont elle n'avait jamais pu s'écarter; & lorf-qu'elle voulut defcendre, le bourreau lui ayant préfenté fa main, elle la refufa avec indignation, comme fi elle fe fût fouillée par une telle condefcendance; d'un autre côté, un Chevalier Romain, condamné pour avoir partagé le commerce criminel de la veftale, perfifta, en mourant, fous les coups de verges, à protefter de fon innocence. Tous ces fupplices faifirent tellement un Pontife du nom d'Agrippa, qui était fans doute d'une imagination ardente, qu'il mourut d'effroi à la fin de cet affreux fpectacle: cette aventure fit un grand bruit dans Rome; elle était de nature à opérer une révolution comme du temps des Tarquin & des Décemvirs: mais il y avait long-temps que le fléau du defpotifme avait étouffé dans fon germe la race des Virginius & des Brutus.

Les Barbares, aux frontières de l'Empire, apprirent bientôt le peu de danger qu'il y avait pour eux à le déchirer, & ils méditèrent des invasions. Domitien, à qui il était aussi aisé de se faire Général que Dieu, alla lui-même les réprimer ; il commença par les Cattes, un des peuples les plus belliqueux de la Germanie, mais il ne les vainquit que par le plus perfide des stratagêmes ; il prétexta un dénombrement qu'il voulait faire dans les Gaules, & tombant à l'improviste sur les Cattes, d'autant plus tranquilles, qu'ils ne s'étaient encore permis aucun acte d'hostilité, il les tailla en pièces, & prévint ainsi des mouvemens qui auraient pu entraîner la défection de la Germanie.

Domitien fut moins heureux contre les Gètes de l'ancienne Grèce, connus alors sous le nom de Daces, parce que Decebale leur Roi, éventa toutes ses perfi-

dies. N'ofant fe mefurer avec ce Prince
barbare, il chercha querelle aux Quades
& aux Marcomaus, fur ce qu'ils ne lui
avaient point envoyé de troupes auxiliaires,
tua leurs Ambaffadeurs qui venaient lui
propofer un accommodement, &, forcé à
combattre une armée qui venait lui demander compte de fes affaffinats, fut
défait & obligé non-feulement d'acheter
la paix de fes vainqueurs, mais encore de
Decebale. Qui croirait qu'après tant d'opprobre, Domitien eut encore l'infolence
de triompher des Barbares qui l'avaient
rendu tributaire? Comme il n'avait point
de prifonniers qu'il pût traîner chargés
de chaînes devant fon char, il y fuppléa,
en faifant acheter parmi les peuples voi-
fins du théatre de la guerre, des efclaves
de qui on eut foin d'arranger la cheve-
lure, & qu'on habilla à la manière des
Germains. Après cette comédie fi défho-
norante pour le nom Romain, il prit le
furnom de Germanique, fe fit ériger des
arcs de triomphe, & folemnifa la paix

rendue au monde par la clôture du temple de Janus.

La gloire des armes Romaines ne se soutint vraiment sous ce règne abominable que par le génie d'Agricola ; ce grand homme, que Vespasien avait fait patricien, & qu'il avait décoré du Consulat & d'un Sacerdoce, était alors Commandant en chef dans la Grande-Bretagne ; il entreprit la réduction de cette île, qui, jusqu'à ce moment, avait résisté aux vainqueurs du monde. Dès sa quatrième campagne, il étendit ses conquêtes jusqu'à un terme qui pouvait être regardé comme une barrière naturelle : si, dit Tacite, son gendre & son historiographe, la gloire du nom Romain permettait de reconnaître d'autre barrière que celle de la nature. A la septième campagne, l'île fut soumise. Agricola rendit compte à Domitien de ses exploits, avec une modestie bien faite pour relever sa gloire à des yeux dignes de l'apprécier : malheureusement sa renommée l'avait précédé

dans Rome ; le tyran jaloux , le récom-
pensa de ses services en le révoquant. Ce
grand homme ne parut point blessé ; il
avait travaillé pour la patrie , & sa ré-
compense était au fond de son cœur ; il
entra de nuit dans Rome , vint de nuit
au palais , & là , après un baiser froid
qu'il reçut de Domitien , il se confondit
parmi la foule des courtisans , & chercha
à se faire oublier.

Agricola , contre l'attente des politi-
ques, mourut dans son lit ; il eut la faiblesse , en mourant, d'instituer Domitien
son héritier conjointement avec sa femme
& sa fille : le tyran en fut flatté ; il ne
savait pas, dit Tacite, qu'un Souverain
à moins qu'il ne soit le plus méchant des
hommes, n'est point nommé pour héritier par un bon père de famille.

Le trésor Impérial, à la mort de Titus,
se ressentait encore de la sage économie
de Vespasien. Domitien, à l'exemple des
Caligula & des Néron , n'y puisa que
pour le dissiper : on peut juger de ses

énormes prodigalités par les dorures feules qu'il fit faire à la reconftruction du Capitole : cet article excéda douze mille talens, ou foixante-cinq millions; il fit fervir les tributs de l'Empire & les dépouilles des nations, à augmenter la paye des foldats, déjà très-onéreufe à l'Etat, à récompenfer les filles qu'il faifait combattre, en qualité de gladiateurs, à fes fpectacles, & à enrichir fes bouffons. L'homme vil qu'il combla le plus de fes largeffes, était une efpèce de ganymède encore dans fon adolefcence, à qui la nature avait donné une tête d'une petiteffe monftrueufe; il lui dévoilait, même en public, les myftères du Gouvernement, & un jour on l'entendit qui lui demandait s'il foupçonnait les motifs qu'il avait, de donner à la première promotion le Gouvernement d'Egypte à Rufin.

Quand le fifc Impérial fut ainfi épuifé en monumens abfurdes, en fpectacles fomptueux & en folles largeffes, Domitien, pour rétablir les finances de l'Etat, fe livra à toutes fortes de rapines & de brigandages. Sous le plus léger prétexte, & quel que fût le délateur, il raviffait les biens des vivans & des morts; il fuffifait, pour cet effet, qu'on pût reprocher à un accufé d'avoir dit ou fait quelque chofe contre la majefté du Prince; il faifait confifquer à fon profit une fucceffion, quand il fe trouvait un feul témoin qui affurait avoir ouï dire au teftateur que Céfar était fon héritier. Les Juifs furent des fujets de l'Empire, ceux qui furent les plus vexés : c'eft en vain qu'ils diffimulaient leur origine. Suétone dit avoir vu lui-même, dans fa jeuneffe, un vieillard de quatre-vingt-dix ans, que le tyran fit vifiter en public pour favoir s'il était circoncis ; les Juifs, à la vue de toutes ces rapines baffes & fanglantes, fe crurent une feconde fois au fac de Jérufalem.

Pour achever de développer le caractère du monftre qui ofait fe dire frère de Titus & fils de Vefpafien, il faut bien confacrer quelques pages de cette hiſtoire à des anecdotes ſur ſa férocité.

Au commencement de ſon règne, Domitien, qui n'oſait encore, dans la crainte d'une révolution, aſſaſſiner des hommes, ſoit avec le glaive des loix, ſoit avec la hache du deſpotiſme, ſe renfermait tous les jours pendant une heure dans l'intérieur de ſon palais, & là il ne s'occupait qu'à prendre des mouches, & à les percer avec un ſtilet fort délié. On connaît ſur ce ſujet le mot d'un de ſes courtiſans, qui, interrogé s'il y avait quelqu'un dans le cabinet de l'Empereur, répondit avec fineſſe : *non, il n'y a pas même une mouche.*

Domitien, pendant qu'il ne faiſait que verſer le ſang des mouches, avait un air contraint ; il ſemblait qu'il jouait avec effort un rôle qui ne lui appartenait pas : c'eſt alors qu'il ſe contraignait pour rendre la juſtice avec une ſorte d'intégrité ; mais dès qu'il ſe vit affermi ſur le Trône des Céſars, l'équilibre entre ſes vices & son hypocrisie se rompit , & il suivit à front découvert la pente de son caractère atroce. Son ancienne indigence, dit Suétone , le portait aux rapines, & sa timidité même à la barbarie.

Domitien parut faire à un spectacle public son apprentissage dans l'art des Cambyse & des Phalaris. Un père de famille s'étant exprimé avec liberté sur un athlete favorisé du tyran , celui-ci le fit enlever à l'instant , & exposer à des chiens furieux, avec cet écriteau : *ennemi de la faction du Prince , qui s'est exprimé avec impiété.* « L'insensé , dit à ce sujet » Pline le jeune, il cherchait dans les jeux » de l'amphithéatre des crimes de lèze-» majesté ; il se croyait méprisé , quand » on ne faisait pas l'apothéose de ses gla-» diateurs. Despote vil & orgueilleux, il » se prétendait insulté en leurs personnes ; » il mêlait leurs intérêts avec ceux de la » divinité ; il se confondait enfin avec » les Dieux , & les gladiateurs avec lui-» même ».

, Les spectacles terribles étaient les seuls qui convenaient à ce génie de la destruction ; il s'en procura un au commencement de son règne, qui, quoique le dénouement n'en fut pas tragique, donna beaucoup à penser aux bons esprits de la nation ; il avait invité à un grand festin les Chefs du Sénat & de l'Ordre des Chevaliers : on les introduisit, par son ordre, dans une salle dont on avait tendu de noir le parquet, le plafond & les murailles ; quand les convives eurent pris leur rang, ils trouvèrent chacun vis-à-vis de soi une petite colonne telle qu'on en élève sur les tombeaux, décorée d'une lampe sépulchrale. Personne n'eut la liberté de se faire servir par ses esclaves ; à leur place, parurent des enfans nuds & noircis des pieds jusqu'à la tête, qui représentaient des ombres infernales. Ces enfans exécutèrent une danse lugubre, ensuite ils placèrent sur la table les mets que dans la religion Grecque & Romaine on avait coutume d'offrir aux morts, lorsqu'on

célébrait des cérémonies funèbres. Un
filence profond régnait dans l'affemblée,
comme fi on eût été dans l'Erèbe d'Héfiode : Domitien feul parlait, & n'entre-
tenait fes convives que de morts fanglantes ; on peut juger combien un fpectacle aussi finistre jetta de terreur dans les
efprits : il n'y eut perfonne qui ne crût
que c'en était fait de fa vie. Cette comédie terrible fe termina par le don
que fit le tyran à chacun, de la petite
colonne auprès de laquelle il s'était affis
& de l'enfant qui l'avait fervi à table. La
colonne dénoircie, fe trouva d'argent
massif, & le prétendu nègre, un jeune
efclave du teint le plus vermeil, & paré
de toutes les graces de l'adolefcence.

Domitien voyant que perfonne ne murmurait que dans la pouffière, ne s'en tint
plus à ces comédies effrayantes ; il fe livra
fans remords à toute la férocité de fon
caractère ; il fit mourir Hermogène de
Tarfe, parce qu'il s'était exprimé dans
une hiftoire de fon temps avec une liberté

républicaine digne de Tacite, & ordonna qu'on mît en croix les libraires qui avaient fait des copies de son ouvrage.

Parmi les têtes distinguées que la tyrannie osa abattre, on distingue Cocceianus, Pomposianus & Junius Busticus. Le délit du premier était d'avoir célébré le jour de la naissance d'Othon, son oncle paternel : il y avait un grand nombre de chefs d'accusation contre Pomposianus, mais tous également frivoles ; c'était parce que son thême natal, au gré des astrologues, lui promettait l'Empire : parce qu'il avait une carte géographique où le globe entier était représenté : parce qu'il avait fait un recueil des harangues que Tite-Live met dans la bouche des Rois & des Généraux de Rome, & qu'il avait donné le nom de Magon & d'Annibal à des esclaves.

Junius Rusticus périt pour avoir publié l'éloge de Thraséa & d'Helvidius, où il appellait ces républicains des grands hommes : ce fut à l'occasion de cette pros-

cription, que Domitien bannit de Rome
& de l'Italie tous les Philofophes.

Le célèbre Helvidius avait un fils,
héritier de fa gloire & de fa vertu : celui-ci
eut la hardieffe de faire repréfenter une comédie fatyrique où, fous les noms de
Pâris & d'Œnone, il cenfurait le divorce
de Domitien & l'opprobre de fes amours :
le tyran fe vengea, en envoyant le Poëte
au fupplice.

Je demande permiffion de repofer un
moment mon pinceau, fatigué du tableau
de ce règne défaftreux, en donnant quelque
idée des comédies fatyriques qui coûtè-
rent la vie à Helvidius : cette digreffion,
qui coupe le fil de la vie d'un tyran, n'eft
point perdue pour l'hiftoire de la raifon.

Rome fut près de quatre cents ans fans
pièces de théatre ; les premières fcènes
qu'on y joua furent fans doute des efpèces
de chanfons dialoguées, produites par
l'yvreffe & par l'enthoufiafme du moment,
remplies de railleries groffières, & accom-
pagnées de poftures libres & de danfes

indécentes. Des laboureurs ne connaiſſent pas d'autres orgies. Il y a de loin de-là aux productions immortelles des Térence & des Mènandre.

Quand la nature eut produit pendant quelque temps ces impromptus ſatyriques, l'art vint les réformer & les polir : les parties furent liées entr'elles ; on fila des ſcènes, le dialogue fut mieux entendu, & le Sénat de Rome put aſſiſter aux orgies de ſes laboureurs.

Dans la ſuite, une grande peſte ayant affligé l'Italie, les Romains ne trouvèrent pas de meilleur moyen pour détruire l'épidémie que d'avoir un théatre, & de donner des ſpectacles réguliers ; ils firent venir des danſeurs Toſcans, & les ballets qu'ils exécutèrent ſervirent d'entr'actes à leurs ſatyres.

Malgré les ballets & l'accompagnement des flûtes, ces pièces ne furent, pendant deux cents vingt ans, que des farces aſſez informes, où les acteurs ſe jouaient auſſi bien que les ſpectateurs ; enfin, vers le commencement du sixième siècle de Rome, Andronicus, Grec d'origine, fit jouer sa première pièce dramatique, & l'envie de l'égaler fit naître les Plaute & les Térence, après lesquels Rome vit tomber son théatre.

Cependant la comédie ne fit pas tomber l'ancienne satyre ; on changea le nom de cette dernière en celui d'exode , qui signifie proprement épilogue, & on la joua après la grande comédie , comme après la tragédie nous jouons la petite pièce.

Ces exodes ou farces satyriques se conservèrent quand la République ne fut plus , & on prenait quelquefois la liberté d'y attaquer les Empereurs mêmes : on en voit un grand nombre d'exemples sous les règnes de Tibère & de Néron. Dans ces temps malheureux où le despotisme courbait tout sous sa verge flétrissante , quelques comédiens conservaient encore des traces de l'ancien patriotisme : l'adulation était dans le Sénat , & la liberté sur le théatre.

Domitien fit disparaître jufqu'à ces traces de la liberté expirante : bientôt perfonne n'ofa plus fe plaindre, même fous des noms allégoriques ; alors le tyran en conclut que la juftice des hommes, ainfi que celle des dieux, était un frivole épouventail, & ce double frein, qui arrête la moitié des hommes, ne fervit que d'aliment à fa férocité.

Domitien ajouta un nouveau raffinement à la théorie des Phalaris & des Néron fur l'effufion du fang humain. Décidé à punir un Contrôleur de fa maifon, il le fit venir dans fon cabinet, lui ordonna de s'affeoir à fes côtés, & après l'avoir renvoyé fatisfait, & lui avoir même fait porter un plat de fa table, il le fit mettre en croix.

Clémens, homme Confulaire, avait été long-temps au rang, non-feulement des amis de ce monftre, mais encore des fatellites de fes fureurs. Sur le point de le condamner à mort, il l'accabla de careffés, & un jour qu'il fe promenait en litière avec lui, appercevant son délateur: *Clé-mens*, dit-il, *veut-il que nous donnions demain audience à ce misérable esclave?* Le lendemain, Clémens fut conduit au supplice.

Domitien, dit Suétone, que depuis quelque temps nous ne faisons que trans-crire, Domitien, pour se jouer davantage de la patience des Romains, ne pronon-çait jamais un arrêt de mort sans le faire précéder de protestations de clémence : aussi on n'était jamais plus sûr d'un dé-nouement fatal que quand il y avait eu de la modération dans l'exorde de son discours. Un jour qu'on jugeait dans le Sénat de prétendus criminels de lèze-ma-jesté, il déclara qu'il reconnaîtrait, au parti que prendrait la Compagnie, s'il en était vraiment aimé : c'était exiger qu'on punît les accusés suivant la férocité des ordonnances des Tibère & des Néron; cependant feignant d'être effrayé de l'atro-cité de leur supplice, il intercéda pour eux, & fit valoir comme un trait sublime de grandeur d'ame, de leur permettre le suicide.

Tacite, avec sa plume de feu, nous a tracé un tableau pathétique des malheurs de Rome sous cet abominable Domitien. « On voyait, dit-il, les mers de l'an- » cienne République, couvertes d'exilés; » les écueils où on les avait condamnés » à traîner leurs jours misérables, bientôt » après teints de leur sang, & la capitale du » monde en proie encore à de plus grandes » barbaries. La noblesse, l'opulence, » étaient devenues des crimes : on était » coupable en aspirant aux honneurs, on » l'était en les dédaignant ; la vertu, sur- » tout, était le gage infaillible du plus » affreux des revers : on suscitait les es- » claves contre leurs maîtres, les affran- » chis contre leurs patrons, & si quelque » Citoyen n'avait point d'ennemi, on se » servait de ses amis pour le faire con- » duire à l'échafaud ».

Cependant, ajoute ce grand homme, au milieu de tant d'horreurs on vit briller de temps en temps la flamme céleste de la vertu ; des mères accompagnèrent leurs fils en exil , des femmes leurs époux ; il y eut des esclaves qui, pour ne pas décéler leurs maîtres , expirèrent au milieu des tourmens ; des personnages illustres subirent la mort avec une constance qui les mettait en parallèle avec les Socrate & les Phocion.

Tacite , dans ce dernier trait , avait en vue Senecion, le Thraséa du règne de Domitien ; cet illustre Romain, qui, par sa naissance , pouvait prétendre au Consulat, s'était contenté de gérer la Questure, faisant assez entendre, par cette rare modération, qu'il regardait les dignités de l'Empire comme des postes de servitude , incompatibles avec la hauteur d'ame d'un Républicain & d'un Sage. Domitien ne lui pardonna pas cette satyre indirecte de son gouvernement ; il le fit accuser par un délateur à ses gages , d'avoir écrit la vie d'Helvidius. Sous ce prétexte , le livre fut brûlé par la main du bourreau, & fon auteur envoyé au fupplice.

La mort de Senecion entraîna l'exil de Fannia, veuve d'Helvidius ; comme c'était à fa prière que le livre profcrit avait été compofé, Domitien confifqua fes biens, & la relégua fur un écueil de la Méditérranée.

Le premier fignal de la vengeance fut donné du fond de la Germanie. Antonius, qui y commandait les légions du haut Rhin, prit la pourpre des Céfars, & marcha vers Rome pour détrôner fon tyran : malheureufement fon plan de campagne fe trouva mal concerté ; Maximus marcha contre lui avant fa jonction avec une armée de Barbares, remporta fur fes légions une victoire complette, & le rebelle fut tué fur le champ de bataille.

Maximus méritait de combattre pour une meilleure caufe ; le jour du combat, il eut la générofité de brûler tous les papiers d'Antonius ; & Domitien, privé des lumières qu'attendait sa vengeance farouche, fut obligé d'y suppléer par toutes les recherches du machiavélisme. Afin de découvrir les complices du rebelle, qui se dérobaient à toutes ses recherches, il imagina, dit Suétone, une nouvelle sorte de torture ; ce fut de faire appliquer le feu à l'organe générateur des accusés. Il y en eut un grand nombre à qui il fit couper les mains avant de les condamner à l'exil : les plus soupçonnés périrent par divers genres de supplices, & leurs têtes envoyées à Rome, furent exposées sur la tribune aux harangues.

Il y eut peu d'intervalle entre la défection d'Antonius & la conspiration qui termina les jours du fléau de Rome & du monde ; comme il était devenu un objet de terreur pour tout ce qui l'approchait, il arma contre lui, sans le savoir, les mains qui semblaient les plus intéressées à sa défense. Domitia sa femme, fut l'ame du complot ; elle ne fit que prévenir le monstre qui voulait la faire assassiner : il

paraît qu'elle y fit entrer, outre les Officiers de fa maifon, les deux Préfets du
Prétoire, Parthène, le Chambellan du
Prince, & Entelle, le garde des archives
impériales; prefque tous, pour récompenfe de leurs fervices, n'attendaient du
tyran qu'un coup de poignard.

S'il en fallait croire Dion, Domitien,
fur le point de faire périr fa femme & les
autres Officiers de fa maifon, avait dreffé
contr'eux une efpèce de table de profcription. Le mémoire fatal avait été mis
par le tyran foùs le chevet de fon lit; il
fut trouvé, pendant fon fommeil, par
un enfant qui fe jouait, & donné à Domitia, qui le fit lire aux conjurés; ceux-ci
fe déterminèrent alors à venger le monde
opprimé : cependant, malgré les voiles
dont ils couvrirent leur complot, il parait
qu'il tranfpira. Domitien fe tint fur fes
gardes, & fe rendit plus invifible que
jamais; mais dans ces murs, dit le pané-
gyrifte de Trajan, où le fcélérat croyait
mettre fes jours en fûreté, il renferma,

fans le favoir, la trahifon, les embûches & un Dieu vengeur. La peine due à fes crimes écarta les gardes, & força les barrières que la tyrannie jugeait impénétrables.

La veille de fon affaffinat, Domitien ayant commandé qu'on lui gardât pour le lendemain un fruit d'une beauté rare qu'on lui avait envoyé, ajouta avec une efpèce de preffentiment de fa fin tragique : *fi cependant le deftin me le permet*. On prétend auffi que le jour de la fcène tragique, il fe mit à gratter avec violence une verrue qu'il avait fur le front, & que quand il en vit couler le fang, il s'écria : *plût aux Dieux que celui-là fût le feul qu'on eût à répandre !* Il demanda alors quelle heure venait de fonner, & on lui dit à deffein qu'il en était dix au lieu de cinq, qui était l'heure fatale annoncée, fuivant une tradition fufpecte, par les aftrologues. Le tyran crut alors le péril paffé, & s'avança plein de joie vers fon cabinet de bains. Parthène, fon Chambellan, le retint sous prétexte d'une affaire de la plus grande importance, & le fit rentrer dans son cabinet pour donner audience aux conjurés qui devaient l'y assassiner.

Ce fut un Intendant de Domitien qui porta le premier coup; il feignait depuis quelque temps d'avoir une blessure au bras gauche & le tenait en écharpe, afin de pouvoir y cacher un poignard; il dit au Prince qu'il venait lui révéler un complot contre sa personne, & lui donna le mémoire qui semblait en renfermer tous les détails. Pendant que Domitien le lisait avec inquiétude, l'audacieux conjuré tira son poignard, & blessa le tyran dans l'organe générateur. Le coup n'était pas mortel; Domitien se jetta sur son assassin, le renversa, & tenta de lui crever les yeux avec ses doigts mutilés. Quatre autres conjurés, du nombre desquels était un gladiateur, accoururent au bruit de cette lutte sanglante, tombèrent sur l'abominable frère de Titus, & achevèrent de le maſſacrer. Ce monſtre était alors dans ſa quarante - cinquième année, & il en avait régné quinze. Sa nourrice ſe hâta de brûler ſon cadavre, avant que le Sénat en fureur le fît traîner avec un croc aux gémonies.

Si l'on pouvait caractériſer le fléau du genre humain, ſans s'écarter des formules du ſtyle lapidaire, voici comment le Sage flétrirait la mémoire de Domitien par une épitaphe.

Ci gît le douzième des Céſars & le quatrième des fléaux de Rome :

Tyran auſſi réfléchi que Tibère, auſſi frénétique que Caligula, auſſi féroce que Néron ;

Il perçait les mouches avec un ſtilet, quand il ne pouvait, avec un édit, répandre le ſang des hommes ;

Et ſon règne pacifique fut auſſi funeſte à la patrie que la perte de vingt batailles :

Magnifique par vanité, affable par méchanceté, impitoyable par lâcheté.

Flattant ſans ceſſe les ſoldats qui le

gouvernaient, & déteſtant le Sénat qui le flattait.

Outrageant la patrie par ſes loix, le ciel par ſes ſacrilèges, & la nature par ſes plaiſirs.

Toujours en proie à ſes remords, & ne cherchant à les anéantir que par de nouveaux attentats.

Il ſe fit Dieu de ſon vivant ; mais ſa femme, en le faiſant poignarder, le convainquit qu'il était homme.

Ce monſtre gouverna quinze ans ; & Titus, l'idole du genre humain, n'en régna que deux. Hommes, qui liſez cette épitaphe, ne blaſphémez pas la providence !

LE MONDE RESPIRE SOUS LE GOU- VERNEMENT DES NERVA, DES TRAJAN ET DES ADRIEN (a).

Enfin Rome femble affez punie d'avoir opprimé le monde par fept cents ans de machiavélifme, de talens deftructeurs & de victoires; elle va retrouver, fous quel- ques générations de Princes vertueux, la tranquillité qu'elle femblait avoir mérité de perdre pour jamais; mais en recou- vrant la paix, elle eft loin de recouvrer ce grand caractère à qui elle a dû de de- venir maîtreffe du monde. Affaiffée fous la tyrannie de cette foule de monftres qui fe font fuccédés prefque fans inter- ruption, d'Augufte jufqu'à Vefpafien, elle

---

(a) *Dio. Caff. Eutrop. Aurel. Vict. Spartian. Tacit.* in Agricol. *Plin. jun.* in epiftol. & in panegyr. Trajan. *Ammian. Marcell.* paff. *Euf.* in chronic.

n'exifte plus pour la poftérité que par les Souverains qui la gouvernent. Voilà au refte, une des différences effentielles des Etats libres & des Etats foumis au pouvoir abfolu : l'hiftoire d'un peuple efclave n'eft que celle du Trône ; mais celle d'une République conftitue vraiment l'hiftoire des hommes.

Les conjurés, avant de délivrer Rome de la tyrannie de Domitien, avaient pris des mefures pour lui donner un fucceffeur, qui rappellât les beaux jours de Titus & de Vefpafien : leur choix tomba fur Nerva, vieillard vénérable, revêtu de toutes les vertus qui font un bon Prince, & de toutes les dignités qui les fuppofent ; les deux Préfets du Prétoire le firent proclamer par les foldats qui avaient déjà fait tant d'Empereurs, & le Sénat n'attendit pas que le bruit de leurs applaudiffemens parvînt jufqu'à la place publique, pour lui donner fon fuffrage.

Nerva commença fon règne, comme Vefpafien avait fini le fien ; il allia, dit

Tacite, deux chofes qui femblent incompatibles, le defpotifme d'un feul & la liberté de tous; de forte que le fiècle qu'il ouvrit fut celui de la félicité publique.

Le premier foin de ce Prince fut de révivifier les ruines du Gouvernement; il abolit l'action pour crime de lèze-majefté, rappella tous les exilés, annulla toutes les confifcations de biens prononcées contr'eux, & défendit de perfécuter perfonne pour caufe de religion.

On fe doute bien que ce règne pacifique ne fut point celui des délateurs. Le Gouvernement févit contre ces hommes vils, fléaux de leurs concitoyens, fous des Souverains pervers, & ceux qui furvécurent à leurs victimes, languirent dans l'indigence & dans l'opprobre. Pline le jeune profita de cet enthoufiafme général pour le bien public, pour accufer un fcélérat nommé Certus, qui, dans le procès mémorable d'Helvidius Prifcus, avait ofé mettre la main en plein Sénat fur cet illuftre républicain, & aider aux fatellites de la tyrannie à le traîner en prifon. Domitien, pour récompenfer fon favori de s'être ainfi avili aux yeux de fes concitoyens, l'avait défigné Conful, & lui avait donné la furintendance du tréfor public. Nerva, qui n'ofait attaquer de front à fon avènement une faction puiffante dont Certus était l'ame, ne fit qu'une demi-juftice, & fe contenta de priver du Confulat l'ami de Domitien, qu'un Prince à grand caractère aurait fait conduire à l'échafaud.

En général Nerva, le plus doux des hommes, & l'ami des gens de bien, plutôt que le fléau des fcélérats, était plus fait pour être le chef d'une république de Platon, que pour ramener à fes principes un Empire affaiffé par fes vices & par la longue tyrannie de fes Defpotes. Mauricus, une des têtes du Sénat, témoigna un jour ce qu'il penfait de cette faibleffe de Nerva, par un mot plein de liberté que Rome entière applaudit; il était à la table de ce Prince, & voyait

parmi les convives, Veïento, un des inf-
trumens de la tyrannie de Domitien. L'en-
tretien, pendant le repas, roula fur un
Meffalinus qui venait de mourir, & dont
la mémoire était en horreur, à caufe de
fes délations odieufes & des avis fangui-
naires qu'il ouvrait fans ceffe, dans le
Sénat, contre les prétendus ennemis de la
Majefté impériale. Nerva demanda à fes
convives ce qu'ils penfaient qu'il fût
arrivé à ce fcélérat, s'il avait pouffé fa
carrière jufqu'au règne préfent : *il fou-
perait avec nous*, répondit Mauricus ; ce
mot hardi n'offenfa point Nerva, mais
auffi il ne le corrigea pas.

Nerva ne démentit point cette dou-
ceur inaltérable, qu'on pouvait taxer quelquefois de faibleffe ; il avait promis, à
fon avènement, de ne faire mourir aucun
Sénateur, & il tint fa parole. Un Calpurnius Craffus, iffu du fameux Triumvir,
ayant conjuré contre lui, il le fit affeoir
à fes côtés dans un fpectacle, & lui mit
en main une épée de gladiateur, pour

le rendre ainsi l'arbitre de sa vie; ensuite, quand son procès fut instruit, il se contenta de l'exiler à Tarente.

Virginius, qui depuis l'extinction de la dynastie des Césars avait tant de fois refusé l'Empire, n'avait jusqu'alors été récompensé de sa vertu que par un oubli profond de la part de ses Souverains. Nerva, trop grand pour craindre un mérite qui pouvait l'éclipser, accueillit cet homme célèbre, & l'honora d'un troisième Consulat; c'était une dernière fleur qu'il voulait jetter sur sa tombe; car il avait quatre-vingt-trois ans, & son ame généreuse n'habitait guères plus que des ruines. Virginius, depuis ce moment, s'il en faut croire Pline, se vit l'objet de l'encens des Poëtes; il jouit de sa gloire, & commença, pour ainsi dire, à vivre avec la postérité: il prépara un discours d'actions de graces à l'Empereur pour le prononcer au Sénat; malheureusement un livre qu'il tenait à la main, en le récitant, tomba, &, au moment où il s'inclinait pour le ramasser, il glissa sur le pavé en mosaïque de son appartement, & se rompit la cuisse ; cet accident accéléra sa mort : Rome lui décerna l'honneur des funérailles publiques, & ce qui fut encore plus flatteur pour sa mémoire, ce fut Tacite, l'immortel Tacite, alors décoré du Consulat, qui prononça son panégyrique.

Cependant la vertu de Nerva, dans un siècle aussi dégradé, ne put étouffer tout-à-fait le germe des factions ; il y en eut une terrible de la part des Prétoriens, qui fut sur le point de le détrôner. Le feu en fut attisé par Elianus, un de leurs Préfets ; les plus furieux vinrent au palais assiéger leur Empereur, demandant qu'on leur livrât les meurtriers de Domitien. Nerva, qui leur devait son Trône, les défendit avec toute l'énergie de son éloquence ; il se découvrit la gorge devant les factieux, & les exhorta à le frapper plutôt lui-même : rien ne put attendrir ces ames de bronze, & il fallut leur livrer leurs victimes. Le Préfet du Prétoire , Pétronius Secundus, fut tué d'un seul coup; mais cette soldatefque , fans frein, exerça contre le Chambellan Parthène, un des chefs de la confpiration , les plus grandes barbaries. Elianus, non content d'avoir ainfi humilié la puiffance impériale, pour faire boire jufqu'à la lie, à fon Souverain , le calice de l'opprobre , le contraignit de haranguer le peuple pour approuver l'émeute, & remercier fes Prétoriens d'avoir délivré la patrie des plus fcélérats des hommes.

Cette cruelle aventure fit fentir à Nerva qu'il lui était impoffible de foutenir long-temps, de fes mains chancelantes, les rênes de l'Empire du monde; il s'apperçut qu'il avait befoin d'appui , & en vrai homme d'Etat qui fubordonne de petits intérêts à celui de fes peuples, il le chercha, non dans fa famille, mais parmi les plus vertueux de fes concitoyens : telle fut l'origine de l'adoption de Trajan.

Trajan foutenait alors l'honneur des armes Romaines dans la Pannonie, Nerva profita de l'enthoufiafme dont Rome honorait fes exploits pour exécuter fon deffein magnanime ; il monte au Capitole le laurier à la main, & déclare à la multitude affemblée devant le temple de Jupiter, qu'il adopte Trajan ; de-là il fe tranfporte au Sénat, & fait déférer au héros le titre de Céfar, l'autorité Tribunitienne & les attributs de la toute-puiffance.

Trajan était à Cologne, quand il apprit qu'il allait régner ; il fe trouva fils d'un Empereur, & prêt à s'affeoir fur le premier Trône du monde, avant même qu'il fût que Nerva avait befoin d'un collègue. Son premier foin fut de venger la Majefté impériale ; il manda près de fa perfonne Elianus, & les principaux artifans des difcordes publiques, exila les moins coupables, & envoya les autres au fupplice.

L'adoption de Trajan fut le dernier

trait mémorable de la vie de Nerva ; ce
vieillard vénérable n'abdiqua pas la fou-
veraine puiffance ; mais content du titre,
il en abandonna les fonctions à fon digne
fucceffeur. Au bout de trois mois, s'étant
livré à un mouvement de colère contre
le délateur Regulus, la fièvre s'alluma dans
fon fang , & il mourut à la fuite de quelques accès , après un règne d'un peu plus
d'un an & demi : il en avait vécu foixante
& douze.

Nerva eft le premier Empereur qui ne
fut pas d'origine Italienne : fon trifaïeul
était de l'île de Crète ; mais fa famille
obtint les privilèges de bourgeoifie Romaine dès la fin de la République. Un
de fes ancêtres eut une grande part à la
faveur d'Auguste ; lui-même était fils ,
petit-fils, & arrière petit-fils de Conful : il
ne fallait pas tant d'illuftration pour être
digne de remplacer au Trône des Céfars
la famille obfcure de Vefpafien.

Trajan était d'une maifon bien moins
diftinguée que le vieillard illuftre qui

l'avait adopté ; il était né à Italica, une des colonies Romaines en Espagne, qui devait sa fondation au premier Scipion l'Africain. Son père, le premier de sa race, fut mis par Vespasien au rang des Patriciens, obtint les ornemens du triomphe, & fut décoré de la dignité Consulaire ; lui-même avait été nommé Consul, &, plus heureux qu'Agricola, n'avait point excité la jalousie du farouche Domitien ; comme sa présence était nécessaire dans le voisinage du Rhin & du Danube pour contenir les Barbares, il ne se rendit en Italie qu'après la mort de Nerva, & lorsque, suivant l'usage de l'adulation Romaine, il eut fait décerner à ce Prince vertueux les honneurs de l'apothéose.

Trajan refusa le Consulat l'année de son avènement, quoique ce fût depuis long-temps l'usage des Césars, & il s'engagea solemnellement, dans une lettre au Sénat, de n'ôter ni la vie ni l'honneur à aucun homme de bien ; quelque temps après, sur les instances réitérées de tous les ordres de l'Etat, il accepta le titre de père de la patrie, plutôt pour s'encourager à s'en rendre digne, que pour laisser croire à sa nation qu'il l'avait mérité.

Son entrée dans Rome ne fut point une de ces pompes où l'on étale d'une manière insultante, pour les sujets, tout le faste de la grandeur souveraine; il ne parut point comme un triomphateur au milieu des soldats qui avaient été les instrumens de ses victoires, mais comme un père de famille au milieu de ses enfans; il marchait à pied entouré d'une foule immense, qui, en le pressant, le contraignait à chaque pas de s'arrêter; les femmes, les enfans se précipitaient sur lui; les malades mêmes se traînaient sur son passage, pour repaître leurs regards d'un spectacle touchant fait pour leur rendre la santé. Au sortir du Capitole, le héros entra sans appareil dans le palais impérial: Plautine son épouse, qui imitait sa modestie, s'arrêta au péristile, &

se tournant vers la multitude immense qui la suivait : *mes amis , s'écria-t-elle, telle j'entre ici , telle j'en veux sortir ; mes mœurs ne changeront point avec ma fortune.*

Tout ce que fit Trajan pendant le cours de sa longue administration, caractérise l'ame forte d'un homme d'état & la bienfaisance du père des peuples. En favorisant le commerce des grains, il prévint les disettes si communes dans sa capitale ; il répara, avec l'argent du fisc impérial, diverses calamités de son règne, telles qu'un débordement terrible du Tibre, des tremblemens de terre , & un incendie qui consuma, avec divers édifices publics, le palais d'or de Néron : on lui sut gré sur-tout d'avoir purgé Rome & le monde de la race odieuse des délateurs ; il fit embarquer tous ces scélérats sur des vaisseaux, pour les transporter dans ces mêmes îles , où , grace à leurs calomnies , tant de Citoyens innocens avaient perdu la vie. Le ciel fit une justice complette de ces fauteurs de la tyrannie : la flotte qui les portait ayant mis à la voile à l'entrée de l'hiver, périt, jouet des flots & des tempêtes.

Trajan était si sûr que tant qu'il respirerait il ferait le bien du monde, que mettant Saburranus en possession de la charge de Préfet du Prétoire, il eut la confiance sublime de dire, en lui présentant l'épée qui était le symbole de sa dignité : *prens ce fer pour me défendre, si je mérite les suffrages de mon peuple ; ou pour me frapper, si je le gouverne mal.*

Ce grand homme avait des amis ; & comme il les estimait, il les défendait lui-même contre l'envie ; dans leur nombre, était Licinius Sura, qui avait contribué à le faire adopter par Nerva. Un courtisan (on s'étonne de trouver de pareils êtres dans la société d'un Trajan), un courtisan, dis-je, répandit le bruit que Sura aspirait à la pourpre impériale. A l'instant Trajan demande à souper à son ami ; en entrant dans sa maison, il renvoie fa garde, fe fait rafer par fon barbier, prend un bain en fa préfence , & de retour au palais le lendemain , il dit au courtifan qu'il rencontra : *fi Sura avait eu deffein de me tuer , il l'aurait fait hier.*

Peu curieux de fafte & de magnificence pour lui-même , il donna, ou mit en vente, une partie des maifons de plaifance que l'avidité des premiers Céfars avait envahie; mais quand il s'agit de donner aux étrangers une idée de la grandeur Romaine, il travailla pour l'immortalité ; il fit tracer un grand chemin à travers mille nations barbares , qui s'étendait depuis le Pont - Euxin jufques dans les Gaules ; il dreffa deux ponts célèbres, l'un fur le Tage, & l'autre fur le Danube ; il conftruifit les ports d'Ancone & de Centumcelles , aujourd'hui Civita - Vecchia , & donna à Rome la plus belle de fes places publiques. Pour préparer le fol de ce dernier monument, il fallut couper une colline de cent vingt-huit pieds de hauteur. C'eft au milieu de

cette place que fut érigée la fameuse colonne Trajane, regardée par les amateurs
de l'antiquité, comme une des merveilles
du monde.

Trajan acheva de mériter du genre
humain, en défendant qu'on fît son apothéose ; quant aux trophées & aux arcs
de triomphe, il cessa de s'y opposer,
quand il crut les avoir mérités par ses
exploits ; il consentit aussi qu'on lui érigeât quelques statues, mais à condition
qu'elles seraient du même métal que
celles des Camille & des Cincinnatus,
qu'il représentait si bien par ses vertus.

Le plan de Trajan semblait de faire
revivre l'ancienne République ; lorsqu'on
lui déféra son troisième Consulat, il alla
prêter le serment qu'avaient prêté à sa
place, dans une ville libre, un Pompée &
un Scipion : il resta debout ; & le Magistrat qui présidait l'assemblée, lui dicta
étant assis, la formule du serment ; de-là
le Prince monta à la tribune aux harangues, & y jura l'observation des loix.

Rome vit tout ce spectacle avec enchantement; le Sénat en prit occasion, de déférer à Trajan le titre du meilleur des Princes, *optimus Princeps ;* c'était un surnom nouveau, dont l'arrogance des premiers Césars laissait les prémices au successeur de Nerva. Pour la multitude, elle s'abandonna à une yvresse de joie qui, parce qu'elle partait du cœur, fit verser au Prince qui en était l'objet, des larmes de sensibilité. Ce grand homme sentait assez que les acclamations d'un peuple, dont il était le bienfaiteur, s'adressait à lui & non à sa fortune.

On regrette que Trajan, qui méritait la reconnaissance du genre humain, ait eu la faiblesse de permettre que Pline le jeune, qu'il venait de nommer Consul, s'en rendît l'interprète, en prononçant devant lui & en plein Sénat, son panégyrique : il eût été si grand de mériter le plus pompeux des éloges & de s'y dérober! Au reste, il faut rendre à Trajan la justice, que Pline ne lui a point prodigué un encens adulateur, & que l'histoire parle toujours comme a parlé son panégyrique.

Le plus grand reproche que la Philosophie puisse faire à Trajan, regarde la manie des conquêtes ; il eût été infiniment glorieux pour lui, aux yeux de la raison, de se contenter d'être, pour l'administration intérieure, un second Titus, sans aller jouer aux frontières de l'Empire le rôle dangereux d'un nouvel Alexandre; mais l'envie d'accroître sa renommée est une passion bien délicate : c'est celle, dit Tacite, qui meurt la dernière dans l'ame d'un grand homme.

Les expéditions de Trajan commencèrent par la rupture du traité ignominieux que Domitien avait fait avec le superbe Decebale. Les Daces furent défaits dans un combat mémorable : on doit observer avec attendrissement que le vainqueur, après l'action, prit un égal soin des Daces & des Romains, & que le nombre des blessés se trouvant si grand, que les bandages manquaient aux plaies, il abandonna, pour cet acte d'humanité, fa propre garderobe.

La victoire de Trajan amena la foumiffion de Decebale. Ce barbare, fur le point d'être affiégé dans Zarmifegethufa fa capitale, fut contraint de livrer fes transfuges, fes machines de guerre, de rafer fes fortereffes, & d'abandonner toutes fes conquêtes.

Deux ans après, le Prince des Daces rompit le traité, & n'efpérant pas de vaincre Trajan, il tenta de le faire affaffiner. Le complot fut éventé, & les légions Romaines marchèrent à la vengeance : la ville royale de Decebale fut prife d'affaut, & le Monarque perfide, errant d'afyle en afyle, ne trouva d'autre moyen d'échapper à l'opprobre d'être traîné au char de triomphe de fon vainqueur, que de fe poignarder lui-même; fon royaume, après fa mort, fut réduit en province Romaine.

Le triomphe de Trajan, après la conquête du pays des Daces, fut de niveau

avec la grandeur de ſes exploits : il y
eut, après la pompe de ſa marche au
Capitole , des jeux qui durèrent cent
vingt-trois jours ; on y tua onze mille
bêtes fauves, & l'arène fut enſanglantée
par les luttes de dix mille gladiateurs.
On a ſculpté, dans les bas-reliefs de la
colonne Trajane, l'hiſtoire des deux expéditions du héros de Rome contre Dé-
cebale.

Pendant que Trajan étendait les limites
de l'Empire au-delà du Danube, Palma,
un de ſes Lieutenans , ſubjuguait l'Arabie
Petrée , & la réduiſait en province Romaine.

Trajan voyant l'Occident pacifié ,
porta ſes conquêtes en Orient : l'Arménie
ſe préſenta d'abord à ſes armes. Rome,
qui avait quelquefois donné des Rois à
cette contrée , prétendait que ſes Souverains fuſſent toujours ſes vaſſaux ; &
Parthamaſiris, Prince Parthe, qui la gouvernait, était loin de plier ſon orgueil à
une telle dépendance. L'orgueil , ſans

forces, servit mal Parthamasiris : dès que les légions Romaines parurent aux frontières de l'Arménie, tout plia devant elles ; les villes leur ouvrirent leurs portes, les vice-Rois vinrent avec de l'or appaiser le conquérant. Le Monarque détrôné, après avoir tenté vainement, dans une conférence, de mettre à l'épreuve la générosité de Trajan, n'ayant plus que les ressources impuissantes du désespoir, combattit le héros avec des forces inégales, & s'étant fait tuer sur le champ de bataille, laissa son vainqueur possesseur paisible de l'Arménie.

Trajan, de-là, s'avança vers Edesse, pour réunir cette petite Monarchie à ses conquêtes. Abgare conjura l'orage d'une manière qui avilit également le vainqueur & le vaincu. Trajan, dont Alexandre était en tout le modèle, l'imitait non-seulement dans son désir effréné de la gloire, mais encore dans son goût pour des plaisirs pervers. Le vainqueur de Darius s'était permis une passion infâme pour l'eunuque Bagoas ; le vainqueur de Parthamafiris fe laiffa féduire par la beauté & les graces d'Arbandès, fils d'Abgare, & la condefcendance du jeune barbare valut à fon père l'avantage de conferver fa couronne.

Trajan racheta fa confidération en Orient par la prife de Singare & de Nifibe, qui lui valurent une paix glorieufe avec Chofroës, Roi des Parthes, & la foumiffion de toute la Méfopotamie.

Il ne reftait plus à Trajan de lauriers à cueillir dans la haute Afie; il fit alors marcher fes légions victorieufes pour foumettre les Barbares, qui habitaient au nord de l'Arménie, & entre le Pont-Euxin & la mer Cafpienne. Tous fes pas furent marqués par des trophées; il donna un Roi à l'Albanie, rendit tributaires les Souverains de l'Ibèrie & de la Colchide, & fit reconnaître fes loix à toute la côte orientale du Pont-Euxin.

Il femblait qu'après tant d'exploits,

Trajan pouvait fe repofer fur fa gloire ; mais, comme Céfar, ce Prince croyait n'avoir rien fait pour la poftérité, quand il lui reftait quelque chofe à faire. Après quelques années de féjour à Rome, qui font parfaitement ftériles en évènemens, le héros retourna en Orient. A peine arrivé à Antioche, il y effuya un tremblement de terre affreux dont il fut fur le point d'être la victime ; il n'eut que le temps de s'élancer par la fenêtre du palais où il était logé & qui s'écroulait de toutes parts, & de fe fauver dans l'hypodrome. Un des Confuls, des Officiers généraux, des Ambaffadeurs étrangers, & une foule incroyable de Citoyens de tout âge & de tout fexe, y perdirent la vie ; de forte que le malheur d'une feule ville devint celui de l'Empire.

Trajan, que rien ne guériffait de fa manie héroïque de conquêtes, au printemps fuivant, traverfa le Tygre avec fes légions fur un pont de bateaux ; il fub- jugua l'Adiabene & l'Affyrie. L'hiftoire obferve qu'il treffaillit de joie en entrant., l'épée à la main , dans Arbèle & dans Gaugamèle, lieux célèbres dans les faftes du Péloponèfe par les trophées du héros de la Macédoine.

Le conquérant fe voyant fi proche de l'Empire des Parthes, crut que le droit de la guerre, fi différent de celui de la nature, lui permettait de profiter des diffentions civiles qui le déchiraient pour l'envahir fans danger ; il fe préfente devant Ctefiphon , capitale des Etats de Chofroës, & la terreur de fon nom lui en ouvre les portes. Suze, l'ancienne Métropole de la Monarchie des Perfes, fait quelque réfiftance,, & elle eft prife d'affaut : la réduction de ces deux places importantes lui valut le fameux Trône d'or fur lequel les Rois Parthes recevaient les hommages de l'Orient. Non content d'avoir ainfi humilié la feule puiffance qu'on pût regarder encore comme la rivale de Rome , il embarque fes légions triomphantes fur le golfe Perfique., paffe l'île d'Ormus, & pénétre jufqu'à l'Océan. Là voyant un navire qui faifait voile vers les bords du Gange : *fi j'étais plus jeune*, dit-il en foupirant, *l'Inde verrait dans fon fein un fecond Alexandre*. Il fe contenta de faire ravager par fa flotte les côtes de l'Arabie heureufe, & de s'emparer de la fameufe ville d'Aden, à l'orient du détroit de Babel-Mandel.

Trajan fit refpirer un peu l'Afie en venant vifiter les ruines de Babylone; là, on lui apprit que la plupart de fes anciennes conquêtes avaient fecoué le joug, & que les légions chargées de la garde des places avaient été chaffées ou taillées en pièces; il fallut recommencer une guerre fanglante : trois armées Romaines vinrent ravager à-la-fois des pays qui fe croyaient en droit de fe choifir un maître. Nifibe fut reprife, Edeffe fut brûlée, & Séleucie reçut les aigles Romaines dans fes murailles.

Le héros Romain s'était d'abord propofé d'éteindre la Monarchie des Parthes;

mais l'impossibilité de maintenir sous le joug des peuples indociles, le détermina à se contenter de leur donner un Roi: son choix tomba sur Parthamasparès, qu'il conduisit avec pompe à Ctesiphon, & auquel il ceignit le diadême.

Atra, colonie Arabe, située entre Nisibe & le fleuve du Tygre, persistait dans sa rébellion. Trajan voulut la punir, & il vit éclipser à ce siège une partie de sa gloire; un vaste désert, où il eut l'imprudence de s'engager, un orage affreux, pendant lequel il fit livrer un assaut à la place, l'intrépidité de la garnison, tout se réunit pour lui faire sentir qu'il n'était pas invincible; il leva le siège, & vint cacher sa honte dans les remparts d'Antioche.

Trajan, après avoir passé l'hiver en Syrie, dressa le plan d'une nouvelle campagne, qui devait assurer la supériorité des armes Romaines depuis le Caucase jusqu'aux bords du Gange; mais le ciel, qui veillait à l'indépendance de ces vastes régions, en ordonna autrement. Le héros fut frappé tout-à-coup d'une attaque d'apoplexie, qui, ayant dégénéré en paralyſie, réduiſit ſon ame à partager l'inertie de ſes organes ; il ſe détermina alors à revenir à Rome, & laiſſa en partant ſon armée ſous le commandement d'Adrien.

Adrien, originaire, ainſi que Trajan, d'Italica, colonie Romaine en Eſpagne, avait été pupille de ce Prince, & ſe trouvait ſon allié. L'Impératrice Plautine, qui avait conçu, dit-on, pour lui un goût adultère, engagea ſon époux, malgré ſa répugnance, à reſſerrer encore les nœuds qui liaient ce jeune ambitieux à ſa maiſon, en lui donnant Sabine, ſa petite nièce, en mariage. Une patrie commune, une alliance éloignée, & les faveurs d'une femme infidelle, voilà quelle fut la baſe de la grandeur d'Adrien.

Quand Trajan ſentit les premières atteintes de la maladie qui le conduiſit au tombeau, Adrien redoubla d'intrigues & d'artifices pour s'en faire adopter. Le héros n'entra point dans fes vues; il comptait, dit un de fes Hiftoriens, imiter Alexandre, en ne fe défignant aucun fuccefeur. Flatté fans doute de preffentir que la chûte des Trônes, les luttes fanglantes des armées, & le maffacre de vingt rivaux ferviraient un jour de pompe à fes funérailles, il perfifta, jufqu'au dernier foupir, à repouffer les careffes intéreffées d'Adrien. Arrivé à Selinonte en Cilicie, il eut une feconde attaque d'apoplexie, dont il mourut âgé de foixante-quatre ans, dont il en avait régné un peu plus de dix-neuf & demi. Plautine, qui s'était rendue maîtreffe de fes derniers momens, cacha fa mort pendant quelques jours, & fe hâta de publier dans l'intervalle une prétendue adoption d'Adrien. L'Empire le crut, ou feignit de le croire, parce que l'amant de Plautine avait fous fes ordres une armée formidable; celui-ci étalant une reconnaif-

fance faſtueuſe qui , aux yeux de la multitude , aſſurait ſes droits au Trône des
Céſars , donna à Selinonte le nom de
Trajanople, fit dépoſer avec pompe l'urne
d'or qui renfermait la cendre du vainqueur de l'Aſie , ſous la colonne Trajane , & lui décerna les honneurs de
l'apothéoſe.

A la mort de Trajan , preſque toutes
ſes conquêtes furent perdues pour les Romains. Les Parthes dépoſèrent le Roi que
le héros leur avait donné, & l'Arménie,
ainſi que la Méſopotamie , recouvrèrent
leur indépendance. Voilà à quoi aboutirent quinze ans de victoires qui coû-
tèrent un million d'hommes à l'Aſie , &
au moins cent mille au nouvel Alexandre
qui tenta de la ſubjuguer.

Cependant Adrien , qui ſentait la fai-
bleſſe de ſon titre à la pourpre Impériale , prenait toutes les précautions de la
politique la plus raffinée , pour empêcher
les yeux de la nation de ſe deſſiller ; il ſe
fit proclamer par l'armée dont il avait le

commandement, & il demanda au Sénat de Rome son suffrage.

Les premières démarches de ce Prince, à son avènement, annoncèrent qu'il se regardait moins comme le fils adoptif, que comme l'émule de Trajan ; il promit solemnellement de gouverner en vue du bien public ; il s'engagea à ne jamais ordonner la mort d'aucun Sénateur, &, quoique le titre de père de la patrie parût un appanage du rang suprême, il le refusa jusqu'à ce que ses services le missent à portée de le mériter.

Ces grandes espérances données à sa nation se démentirent bientôt : Adrien était bassement jaloux de la gloire de Trajan, qui n'avait pas voulu l'adopter; il fit dégrader plusieurs des monumens faits pour éterniser sa mémoire. On détruisit, par son ordre, les arches du pont qu'il avait jetté sur le Danube, & on n'en laissa subsister que les piles ; on combla aussi, pour lui faire sa cour, un théatre élevé par le héros dans Rome au champ de Mars. Mais le trait où il parut infulter le plus au grand nom de Trajan, fut la faiblefe avec laquelle il abandonna toutes fes conquêtes; il fe fit tributaire des Sarmates & des Roxolans, pour prévenir leurs ravages dans le pays des Daces; il reconnut Chofroës, le Roi des Parthes, que fon prédécefeur avait détrôné; il évacua toutes les contrées de l'Orient, où dominaient depuis quinze ans les légions Romaines, & confentit que l'Euphrate redevînt, comme fous les premiers Céfars, la barrière de l'Empire.

On commençait à oublier la tache, que la jaloufie d'Adrien contre Trajan imprimait au nom Romain, quand quatre Confulaires ayant éventé le fecret de fon adoption frauduleufe, confpirèrent contre lui, & projettèrent de le tuer ou à la chaffe, ou pendant qu'il offrirait un facrifice : le complot tranfpira, & fur un ordre du Prince, les quatre conjurés furent mis à mort.

Trois de ces Confulaires avaient été

des Généraux & des amis de Trajan ; de plus, Adrien avait juré à son avènement de ne point répandre le sang de la noblesse : aussi ce coup d'Etat rendit le nouveau Souverain très-odieux. Celui-ci, pour tâcher d'effacer les idées sinistres qu'on prenait de son caractère, se rendit infiniment populaire ; il fit de grandes largesses aux Citoyens de Rome, & remit tout ce qui était dû par les villes de l'Empire des anciennes impositions : cette créance montait à plus de cent douze millions.

Il affecta sur-tout une grande considération pour le Sénat, dont il sentait le besoin de regagner l'affection, manquant rarement ses assemblées, ne décidant aucune affaire importante sans le consulter, comblant de ses bienfaits ceux qui étaient pauvres, & approchant des marches du Trône ceux que leur génie rendait propres au Gouvernement.

Quoïqu'Adrien n'eût ni les vertus de Nerva, ni les talens & la grandeur d'ame de Trajan, on ne peut se dissimuler que Rome ne fût heureuse sous son règne; son esprit (car il en avait infiniment) suppléa en lui aux grandes vues d'administration, & à la sensibilité patriotique qu'il n'avait point; il accommoda, en un mot, si bien le masque de la vertu à son visage, qu'on fut tenté de croire qu'elle lui était naturelle.

Il répétait souvent, soit au Sénat, soit devant le peuple, un mot digne de Marc-Aurèle : *un Empereur doit gouverner Rome, de manière qu'il n'oublie jamais qu'elle n'est point son patrimoine, & qu'il n'en est que l'administrateur au nom de la République.*

Il était dans ses principes, de ne point dédaigner, quoiqu'assis sur le premier Trône du monde, les petites dignités des villes du second ordre de son Empire : c'est ainsi qu'il géra la Préture en Etrurie, l'archontat dans Athènes, l'édilité & la dictature dans quelques villes du Latium; il accepta aussi à Naples, à Adria, dans le Picenum , & à Italica en Espagne , la première de leurs Magistratures.

Il arriva , sous le règne d'Adrien , diverses calamités publiques : ce Prince y remédia avec intérêt & avec magnificence ; il rétablit en particulier Nicée & Nicomédie , que d'affreux tremblemens de terre avaient réduites en un monceau de ruines.

Adrien se piqua presque toujours d'une clémence , qui n'était cependant pas dans son caractère ; ceux qui l'avaient offensé quand il n'était que simple Citoyen , n'eurent point à le redouter quand il fut Empereur ; quelques jours après son avènement , ayant rencontré un de ses ennemis les plus acharnés , qui, le front pâle & la terreur dans l'ame , craignait de rencontrer ses regards : *sois tranquille , lui dit-il , je règne ; te voilà sauvé.*

Pour achever de se montrer l'égal de ses concitoyens , il allait quelquefois aux bains publics avec la multitude. Un jour il rencontre un soldat vétéran qui se frottait le dos contre le marbre dont le mur était revêtu, il lui demande pourquoi il ne se faisait pas servir, & le vieux guerrier répondit qu'il n'avait point de serviteur : une heure après, le Prince lui envoya une somme d'argent & des esclaves. Ce trait de générosité fit du bruit dans Rome ; le lendemain, des vieillards qui voulaient s'enrichir à peu de frais, répèterent le rôle du soldat, se flattant du même dénouement ; mais Adrien était trop éclairé pour accorder à l'artifice ce qu'il devait à l'indigence : *vous voilà plusieurs, dit-il aux* vieillards, *rendez-vous mutuellement service.*

Adrien mérita sur-tout de sa nation, par les beaux monumens qu'il érigea ou qu'il fit réparer ; il érigea une colonne à Mantinée sur le tombeau d'Epaminondas. Ayant découvert en Egypte le lieu où reposait la cendre de Pompée, il eut la grandeur d'ame de décerner à cet ennemi des Césars une espèce d'apothéose.

La Grèce, qu'il idolâtrait comme ami des arts & protecteur des lettres, fut couverte de ses édifices : on parle sur tout d'une espèce de Panthéon qu'il bâtit dans Athènes, & d'un temple de Jupiter Olympien, commencé par Antiochus Epiphane, qu'il acheva. Ce dernier monument avait été dressé sur un plan magnifique, & Tite-Live, qui en avait vu jetter les fondemens, le regardait comme le seul temple de l'univers digne de représenter la majesté du souverain des dieux.

A Rome, Adrien bâtit un temple à Trajan, jetta un pont sur le Tibre, & se fit construire un mausolée, qui, par sa masse prodigieuse, ressemblait moins à un tombeau qu'à une forteresse. Les Papes ont depuis fortifié ce môle à demi ruiné, & lui ont donné le nom de château Saint-Ange.

Le successeur de Trajan se plut aussi à fonder un grand nombre de villes dans toute l'étendue de son Empire : les géographes en comptent neuf auxquelles il donna son nom; toutes ont disparu, excepté Andrinople.

Adrien se fit encore un nom par la sagesse de sa législation; il fit rassembler par Salvius Julianus, le plus grand Jurisconsulte de son temps, tout ce qu'il y avait de plus sage dans les décisions des Préteurs, & il en forma un édit perpétuel qui servit de base au Code judiciaire; il y joignit diverses ordonnances qui auraient fait honneur à la philosophie de Solon, telles que celle qui privait les maîtres du droit de vie & de mort sur leurs esclaves, & celle qui défendait à ces despotes subalternes de faire de ces infortunés des victimes de la prostitution ou des gladiateurs.

L'homme, dans Adrien, ne valut pas l'homme d'état; il voulait accumuler toutes les connaissances, & était jaloux de tous ceux qui y excellaient. Le philosophe Favorin comptait comme une des singularités de sa vie, d'avoir presque toujours été en dispute avec lui, & de vivre encore ; cependant il s'écartait rarement des bornes d'une sage circonspection. Un jour que, sur une discussion grammaticale, il avait cédé sans motif à Adrien, un de ses amis voulant lui faire honte de sa faiblesse : *quoi ! tu veux*, lui dit-il en souriant, *qu'un homme qui a trente légions à son service, n'ait pas toujours raison ?*

L'Architecte Apollodore se trouva mal de n'avoir pas eu la circonspection de Favorin. Cet homme de génie avait construit, sous le dernier règne, le pont du Danube & la place de Trajan : Adrien le consulta sur un monument ; & ne l'ayant pas trouvé adulateur, punit sa franchise par l'exil. Quelque temps après il bâtit un temple magnifique dans Rome, & l'Architecte fugitif, à qui il en fit passer le plan, l'ayant critiqué avec quelque amertume, il eut la lâche barbarie de s'en venger en le faisant mettre à mort.

Cette jaloufie, fi baffe dans tous les hommes, & fur-tout dans un Souverain, portait Adrien à s'acharner fur la mémoire de tous les beaux génies de l'antiquité : c'eft ainfi qu'il mettait un Antipater au-deffus de Sallufte , & qu'il croyait la gloire d'Homère éclipfée par celle d'un obfcur Antimaque.

Le caractère ombrageux d'Adrien empoifonna auffi la vie de prefque tous fes amis ; il exila Tatien , fon Préfet du Prétoire , qui avait été fon tuteur, & qui avait concerté avec Plautine le ftratagême de fon adoption. Similis , un autre de fes favoris, ne fe déroba à une difgrace auffi éclatante, que par une retraite volontaire ; c'eft ce Romain qui, confiné dans une maifon de plaifánce , dont il avait fait le fanctuaire des mufes , & où il paffa les fept dernières années de fa vie, ordonna qu'on mît cette épitaphe fur fa tombe : *ci gît Similis , qui a paffé foixante & feize ans fur la terre , & qui n'en a vécu que fept.*

Adrien vécut très-mal avec Sabine, la petite nièce de Trajan, qui lui avait presque apporté en dot le Trône des Céfars ; il ordonnait à fes courtifans de s'étudier à lui faire fubir toutes fortes de mortifications, & il poussa à cet égard la férocité fi loin, qu'il la contraignit à fe tuer.

Adrien couronna tant de faibleffes criminelles, par fa paffion infâme pour Antinoüs. Un jour, dans un délire de fuperftition & de crédulité, il s'imagina qu'il avait befoin d'une victime volontaire, qui fe dévouât, pour prolonger fa vie ; fon ganymède s'offrit, & il eut la ftupide barbarie de l'accepter. A peine le jeune infenfé avait-il ceffé d'être, qu'Adrien pleura, comme une femme, celui qu'il avait immolé comme un Prêtre de Cannibales ; il remplit l'univers de fes ftatues, & lui décerna les honneurs de l'apothéofe.

Adrien régna près de vingt-un ans ; mais comme il n'y eut de fon temps ni guerres *(a)* ni révolution, fon hiftoire, ftérile en évènemens, n'offre qu'un petit nombre de faits ifolés qui ne peuvent fe lier par le fil de la chronologie. Ses deux voyages dans toutes les provinces de fon vafte Empire font, après les monumens qu'il a élevés, ce qu'il a fait de plus mémorable; il employa à chacun fept années, & il fut vivifier, par fa préfence, des régions affaiffées par le defpotifme, qui jufqu'alors n'avaient connu leur Souverain que par fes édits deftructeurs, ou par les ravages de fes armées; il fit, en particulier, d'Athènes une ville nouvelle : de forte que, fuivant une ancienne infcription trouvée fur la bafe d'un monument, cette Métropole du Péloponèfe n'était plus la ville de Théfée, mais celle d'Adrien.

(a) Il ne faut pas mettre au rang des guerres la révolte de Barchochèbas, qui coûta tant de fang aux Juifs, mais qui ne procura aucune gloire aux armes d'Adrien.

Adrien était de retour en Italie, quand il prit le germe d'une hydropisie, qui peu à peu le conduisit au tombeau ; dès qu'il se vit condamné à une vieilleſſe débile & languiſſante, il songea, comme Nerva, à se donner un appui qui pût maintenir sur sa tête sa couronne chancelante. Son choix tomba sur un Ceïoneius Commodus, plus connu sous le nom de Verus, qui, par une biſarrerie singulière d'évènemens, se trouvait gendre d'un des Conſulaires qui avait conſpiré contre lui, & qu'il avait fait mettre à mort. Ce Verus était plus fait, par ses mœurs efféminées, pour gouverner Sybaris, que la capitale du monde ; il avait imaginé, dit-on, un lit à quatre chevets, jonché de roſes, dont il faiſait ôter le côté qui touche au calice comme n'étant pas aſſez moëlleux ; il n'entrait dans ce lit que le corps parfumé d'aromates ; ses eſclaves étaient habillés en amours, & il donnait à ses coureurs les noms & les aîles des vents ; son palais était un vaſte ferrail ouvert à toutes les courtifanes, & tout porte à croire qu'il ne mérita d'être adopté par Adrien qu'en jouant avec lui le rôle infâme d'Antinoüs.

Ce choix indigne excita beaucoup de murmures. Servien & Fufcus furent ceux des courtifans qui déguisèrent le moins leur indignation. Adrien le fut, &, quoique le premier fût un vieillard nonagénaire, & l'autre un enfant de dix-huit ans, quoique tous deux fuffent alliés de très-près à la maifon Impériale, il eut la férocité de les condamner à mourir. Servien, à la lecture de la fentence, ne put s'empêcher de s'écrier : *ciel vengeur, fais que mon tyran fe voie réduit un jour à défirer cette mort que je fubis, fans qu'il puiffe l'obtenir !* & le ciel vengeur parut l'exaucer ; ce qui fit regarder dans le temps cette imprécation comme une prophétie.

Cependant Adrien ne tarda pas à s'appercevoir que le mur qu'il avait fondé, pour étayer fon Trône, s'écroulait lui-même de toutes parts ; le nouveau Céfar avait pris , dans sa vie efféminée , le germe d'une maladie qui le conduisit peu à peu au tombeau : quand les progrès du mal commencèrent à devenir allarmans pour la sensibilité d'Adrien , ce Prince faisant allusion à l'apothéose de Verus : *ce n'est pas un fils ,* dit-il, *que je me suis donné , c'est un dieu que j'ajoute à l'Olympe.*

Verus avait à peine joui trois ans de sa haute fortune ; il n'avait fait du bien à personne , & personne ne le regretta.

Adrien répara bientôt tous ses torts envers la patrie , en faisant succéder à Verus un homme de bien que la voix des peuples lui désignait : il s'agit de l'adoption d'Antonin , qui adopta de son côté le fils de Verus & le grand Marc-Aurèle.

Antonin , originaire de notre ville de Nîmes , était fils & petit-fils de Consuls, & ce qui ajoutait à la splendeur de sa maison, c'est que la vertu y était héréditaire. Ce Prince surpassa l'attente de Rome & du monde ; il sauva d'abord des crimes à la vieilleſſe d'Adrien : celui-ci, devenu plus ombrageux, à meſure qu'il ſentait ſa fin s'approcher, avait condamné ſans cauſe légitime pluſieurs Sénateurs à mourir. Antonin les fit diſparaître, & les tint cachés juſqu'à ſon avènement à l'Empire.

Pendant cet intervalle, l'imprécation terrible de Servien commençait à avoir ſon effet. Adrien voyant ſon mal inacceſſible à la Médecine, ſentant à chaque inſtant les agonies cruelles de la mort ſans pouvoir mourir, voulut employer le fer ou le poiſon pour ceſſer d'être ; mais la tendreſſe ingénieuſe d'Antonin éludait ſans ceſſe ſes ordres funeſtes. Le vieux Souverain, toujours déterminé au ſuicide, ſe vit réduit à corrompre un nommé Maſtor, de la nation des Jazyges, pour l'engager à le tuer ; il deſſina même ſur ſon corps une place au-deſſous du ſein, qui devait indiquer à l'épée la route la plus droite pour arriver juſqu'au cœur ; mais la veille de l'attentat, le barbare se dédit & prit la fuite : Adrien parut inconsolable ; il versait des larmes de rage, sur ce qu'étant maître de la vie de cent millions d'hommes, il ne l'était pas de la sienne.

Cependant l'hydropisie du Prince empirait ; retiré à Bayes, il s'affranchit de tout régime, & accéléra, par ses excès, la mort après laquelle il soupirait depuis si long-temps ; il expira dans les bras d'Antonin, à l'âge d'un peu plus de soixante-douze ans, dont il en avait régné près de vingt-un. Ses derniers momens furent plus gais, qu'on ne devait l'attendre d'un vieux Despote rongé de vapeurs, qui ne cherchait que le suicide ; car il composa alors un petit couplet anacréontique, où il semblait se jouer avec la mort (a). Au reste, Adrien a toujours

____

(a) *Animula vagula, blandula,*
Hospes, comesque corporis,
Quæ nunc abibis in loca,
Pallidula rigida nudula?
Nec, ut soles, dabis jocos.

paru un tel mélange de vices & de vertus, qu'il n'eſt pas étonnant que les contra-dictions qui ont rendu ſon caractère pro-blématique, l'ayent accompagné juſqu'au bord de la tombe.

Le Sénat n'aimait point Adrien ; il ne lui avait jamais pardonné le ſupplice des quatre Conſulaires, & quand il ne fut plus, il voulut abolir les actes de ſon règne comme ceux d'un tyran. Antonin arrêta tout court la compagnie, en lui diſant : *l'un de ces actes eſt celui de mon adoption ; ainſi, vous m'allez faire deſcendre du Trône des Céſars.* On ne ſévit donc point contre ſa mé-

---

La traduction de Fontenelle a donné à ces faïbles vers quelque célébrité.

'Ma petite ame, ma mignonne,
Tu t'en vas donc ma fille ! & dieu ſache où tu vas !
Tu pars ſeulette & tremblottante, hélas !
Que deviendra ton humeur folichonne ?
Que deviendront tant de jolis ébats ?

moire, & même le Sénat, vaincu par la piété d'Antonin, confentit à fon apo-théofe.

RÈGNES PHILOSOPHIQUES D'ANTONIN ET DE MARC-AURÈLE (a).

TIBÈRE & Néron, les fléaux du monde, ont eu un Tacite pour historien, & aucun homme de génie ne s'est avisé d'écrire les annales du règne mémorable des bienfaiteurs des hommes, d'un Antonin & d'un Marc-Aurèle.

Cette disette de faits nous oblige à ne dessiner que de profil, des Princes qui doivent à leur renommée, & aux éloges de leurs contemporains, encore plus qu'aux monumens de l'histoire, d'être regardés comme les modèles des Rois.

Le premier trait du règne d'Antonin

(a) Nos autorités se réduisent à peu près à quelques fragmens de Dion, & aux histoires informes d'Aurélius Victor & de Capitolin. Nous n'avons pour nous consoler, dans cette disette de grands Écrivains, que quelques traits historiques épars dans l'immortel ouvrage de Marc-Aurèle.

fut un trait de clémence ; des Sénateurs, qui se croyaient sans doute plus assurés d'une existence civile sous le règne d'un Néron que sous celui d'un Sage, avaient conspiré contre lui, & le complot ayant été découvert, le Sénat avait proscrit l'un des chefs, & l'autre s'était tué. Le nouvel Empereur, qui aurait voulu sauver tous ses ennemis, arrêta du moins toutes recherches contre leurs complices : *je ne veux pas*, dit-il en souriant, *qu'on trouve dans les informations, que je suis haï d'un grand nombre de mes concitoyens.*

Il y eut, sous ce règne, quelques mouvemens occasionnés par les Barbares, aux frontières de l'Empire ; mais ils furent à l'instant réprimés. Antonin, en général, était trop philosophe pour ne pas sentir que toute guerre, qui n'est pas défensive, est un crime contre la morale des nations ; il répétait souvent un mot de Scipion : *je suis moins flatté de tuer mille ennemis, que de conserver un seul citoyen.*

Son administration intérieure fut au-deſſus même de tout éloge; il voyait tout par ſes yeux, & était lui-même ſon premier Miniſtre; il conſultait cependant les hommes d'Etat; mais ſupérieur à eux par ſes lumières, il ne s'en laiſſait point gouverner; il ſavait qu'il y a des occaſions où l'homme de génie, armé de la raiſon univerſelle, doit avoir raiſon contre la raiſon individuelle de ſes Miniſtres, des Corps, & même quelquefois d'une génération entière de ſes contemporains.

Un des grands principes d'Antonin était de ménager les finances de l'Etat; il était monté au Trône des Céſars avec un riche patrimoine, & loin de l'augmenter quand il régna, il le prodigua toujours pour épargner le tréſor national; quelquefois Fauſtine, ſon épouſe, lui en faiſait des reproches, & il lui répondait: *nous régnons; & du moment que nous avons acquis le droit de protéger les propriétés de nos concitoyens, nous avons perdu la propriété de notre propre patrimoine.*

Perſuadé que le bien qu'il ferait en adminiſtration n'aurait aucune durée, s'il déplaçait ſouvent des Miniſtres, dont le principe eſt d'ordinaire de détruire l'ouvrage de ceux qui les ont précédé, il s'appliqua à faire un choix exquis de ceux qu'il rendrait dépoſitaires de ſon autorité, & les conſerva toujours dans leur poſte; ſes Intendans des finances vieillirent dans leurs emplois, & Gavius Maximus fut, pendant vingt ans, ſon Préfet du Prétoire.

La légiſlation d'Antonin nous eſt peu connue; cependant on cite de lui deux ordonnances qui font connaître la ſupériorité de ſa politique; l'une eſt celle qui défend de pourſuivre un citoyen, une ſeconde fois, pour un crime dont il aurait déjà été abſous; l'autre eſt l'abrogation d'une loi du droit Romain, qui excluait de la ſucceſſion paternelle, des enfans demeurés citoyens de leur ancienne patrie, quand leur père était devenu Citoyen Romain : le ſage légiſlateur ne voulut pas

que, fous fon règne, il exiftât des infti-
tutions civiles qui fuffent en contradiction avec le droit de la nature.

Antonin embellit le monde qu'il gouvernait, de monumens; il acheva le magnifique maufolée d'Adrien, & conftruifit
à Nîmes, patrie de fes ancêtres, le pont
du Gard & les Arènes, les édifices de
l'antiquité qui atteftent le plus à nos
yeux la magnificence Romaine.

La renommée d'Antonin s'étendit dans
la partie du monde qui n'était pas encore fubjuguée, & il reçut les témoignages
les plus flatteurs de la confidération uni-
verfelle; les Bactriens, les Hyrcaniens
& les Indiens, lui envoyèrent des am-
baffades: le Roi des Parthes voulait envahir l'Arménie; l'illuftre Empereur l'en
empêcha par une fimple lettre, quoiqu'il
eût toujours refufé de lui rendre le fameux
Trône d'or conquis par Trajan fur
Chofroës.

Le plus beau trait de la vie d'Antonin, eft peut-être de n'avoir jamais été

jaloux de Marc-Aurèle, qui devait l'effacer un jour.

Marc-Aurèle descendait de Numa, suivant une généalogie fabriquée par des adulateurs ; suivant une philosophie sublime, il ne descendait que de lui-même, puisqu'il s'était créé. Originaire d'Espagne comme son prédécesseur, il se trouvait, de plus, neveu de l'épouse d'Antonin, & avait été fiancé à la fille de Verus, nommé César par Adrien ; voilà quels furent ses titres, du côté de la naissance, au Trône du monde : je ne parle point des titres bien supérieurs encore que lui donnait sa vertu.

On lui donna les élémens de tous les arts, depuis la grammaire jusqu'à la gymnastique ; & si on en excepte l'éloquence & la poésie, il réussit dans tous ; sa passion dominante fut pour la philosophie, non cette philosophie verbeuse qui dispute, mais celle qui fait servir les lumières à être meilleur. Son ardeur pour elle le porta, dès l'âge de douze ans, à en prendre le manteau; dès-lors, il coucha fur la dure, & ne fe relâcha un peu de fon auftérité, que quand il s'apperçut qu'elle enflammait fa poitrine au point de lui faire cracher le fang. Cette ferveur pour la philofophie ne dégénéra jamais en cynifme : on obferve que le Sage fut toute fa vie vertueux fans fafte, modefte fans être timide, & grave fans morgue & fans dureté.

Dès que l'âge lui permit de difpofer de fes biens, il eut la générofité de céder à fa fœur unique tout le bien de fon père ; il fentait qu'elle ne pouvait être heureufe que par la fortune, & lui, il l'était par la médiocrité.

Quand il fe vit nommé Céfar, il témoigna une noble inquiétude fur le fardeau qu'on lui impofait ; il n'avait alors que dix-fept ans, & auffi mur d'efprit que Socrate à foixante, il eut le courage de dire en entrant dans le palais impérial, qu'il eût mieux valu pour lui de continuer à cultiver fon jardin

Antonin , au moment où Adrien l'avait fait Céfar , avait adopté à la fois Commodus , fils de Verus , & Marc-Aurèle ; il ne tarda pas à s'appercevoir de l'étrange différence que la nature & l'éducation avait mife entre les deux Princes : auffi ne nomma-t-il point le premier Céfar ; il ne l'appella pas même à fa fucceffion. Marc - Aurèle fut feul l'ami de fon cœur , & celui qu'il deftina à être le père de cent millions d'hommes : il le fit Céfar , & changeant les difpo-fitions d'Adrien , il lui donna Fauftine fa fille en mariage.

Marc-Aurèle ne démentit jamais la haute idée qu'Antonin avait conçue de lui : c'était le plus tendre des fils , qui fe piqua toujours d'être foumis au plus généreux des pères ; il ne le quittait point, foit à Rome , foit dans fes voyages , & on remarque que , pendant vingt-trois ans qu'il habita avec Antonin, il ne découcha que deux nuits : c'était la vie des hommes de l'âge d'or, tranfportée dans un fiècle de fer.

Antonin, quoiqu'avec tant de titres à l'immortalité, vieilliſſait comme l'homme le plus inutile à la terre : il termina enfin ſa carrière. Le dernier jour de ſa vie, il fit venir Marc-Aurèle auprès de ſon lit, lui recommanda la République, & Fauſtine ſa fille, donna pour mot, au Tribun de ſa garde, *la paix*, & mourut auſſi tranquillement que s'il n'avait fait que s'endormir : il avait alors ſoixante & treize ans. Sa cendre fut portée au mauſolée d'Adrien : on lui érigea la fameuſe colonne Antonine, un de plus beaux monumens de Rome moderne, & on lui décerna les honneurs de l'apothéoſe.

A la mort d'Antonin, Commodus continuait à jouir d'une ſi mince conſidération, que perſonne ne ſongeait à réclamer ſes droits au Trône des Céſars. Marc-Aurèle, le plus généreux des hommes, s'en ſouvint, lorſque l'Empire entier ſemblait les oublier; il lui fit prendre le nom de Verus, lui donna Lucille ſa fille en mariage, & l'aſſocia à l'Empire.

Verus ne fut point ingrat ; il sentait combien sa pente vers les plaisirs le rendait inhabile à tenir les rênes du monde, & il se conduisit moins dans l'administration publique comme le Collègue, que comme le Lieutenant de Marc-Aurèle.

Les premières années de ce beau règne furent troublées par des semences de guerre ; les Parthes, qui n'avaient point encore remué depuis Trajan, donnèrent un Roi à l'Arménie, taillèrent en pièces les légions Romaines, que le Gouverneur de Cappadoce avait amenées pour s'opposer à leurs progrès, & firent une irruption en Syrie. Marc-Aurèle se hâta d'envoyer Verus en Orient avec une armée capable d'en imposer aux Barbares : il avait pour but, en donnant à son Collègue cette marque de confiance, de l'empêcher d'offrir ses désordres en spectacle à la capitale du monde.

Malheureusement l'attente de ce grand homme fut trompée ; à peine Verus fut-il forti de tutelle, qu'il se livra à ses coupables goûts avec la plus grande violence : toutes ses marches furent des orgies de Bacchantes ; la nouvelle des désastres de l'Orient ne put accélérer d'un seul pas ses routes voluptueuses. Enfin, arrivé à Antioche, la ville la plus débordée de l'Asie, il s'y fixa pendant les quatre ans que dura l'expédition, n'ayant pour conseil de guerre que des eunuques, des courtisanes & des ganymèdes ; ses Généraux vainquirent pour lui, & il triompha pour eux avec Marc-Aurèle.

Le traité qui suivit cette expédition fut très-glorieux pour le nom Romain ; le Roi Parthe fut chassé des villes Arméniennes, & les Arsacides cédèrent à leurs vainqueurs la Mésopotamie.

Rome ne s'enorgueillit pas long-temps d'avoir fait respecter ses armes en Orient : la guerre lui avait moissonné ses meilleurs soldats ; la paix lui amena la peste. Ce fléau terrible fit en peu de temps les plus affreux ravages dans l'Empire ; il y eut des contrées où les terres demeurèrent incultes ; le nombre des morts, pendant quelque temps, fut si grand à Rome, qu'on emportait les cadavres sur des tombereaux, & que l'Etat fut obligé de faire les frais des sépultures. Marc-Aurèle n'attendit pas que le fléau fût à ce période d'activité, pour embrasser dans sa bienveillance paternelle l'Etat & les individus ; il ne se reposait pas sur le dogme de la prédestination absolue comme nos modernes Sultans, qui ne s'éveillent sur le danger de leur capitale, que quand le nombre des morts qu'on emporte chaque jour par une de ses portes, passe neuf cents quatre-vingt-dix-neuf.

Quand Rome ne fut plus le foyer de cette peste qui avait fait le tour du monde, Marc-Aurèle eut encore à gémir des égaremens de son Collègue, qui, perverti plus que jamais par son voyage de Syrie, menait à front découvert la vie d'un Sardanapale ; comme il ne pouvait le ramener que par l'éloquence muette de ses mœurs, il s'occupa alors à mettre sans cesse à côté de ses débordemens, l'image sacrée de la vertu. Toujours vêtu sans faste, n'ayant de gardes que le respect qu'inspirait sa personne, il allait le matin voir des Sages, employait la journée aux soins fatiguans de son Empire, & prenait le soir un repas frugal au sein de l'amitié; personne ne vérifia avec plus de succès que ce Prince le mot mémorable de Platon : *que le monde ne serait heureux, que quand ses Philosophes seraient Rois, ou que ses Rois deviendraient Philosophes.*

Le Sénat, sous son règne, jouit de tous ses privilèges, comme aux plus beaux temps de la République; le plus beau titre dont il se glorifiait, après celui de père de la patrie, était celui de Sénateur, & il en remplissait les devoirs avec autant de ferveur qu'un homme nouveau qu'on aurait fait entrer par grace dans la carrière des Magistratures; il ne décida aucune affaire importante, sans prendre l'avis des meilleures têtes de la compagnie :

il vaut mieux, disait-il, faire plier un seul homme, fût-il Souverain, à l'autorité d'un grand nombre d'hommes d'Etat, que de subordonner tous ces hommes d'Etat au caprice d'un seul homme.

On a dit de nos jours, que sous un Roi Citoyen, tout Citoyen était Roi : aussi jamais le peuple de Rome ne fut plus souverain que sous le règne de Marc-Aurèle ; on le consultait sur la guerre, sur l'administration générale, comme au temps des Fabius & des Emile ; jamais il ne fut vexé par les vautours de la finance. Après une victoire mémorable sur les Marcomans, ses soldats lui ayant demandé un impôt, pour faire les frais d'une gratification à laquelle ils prétendaient : *non, dit-il avec fermeté, vous demandez le sang de vos proches, & ce n'est point au père de la patrie à l'accorder.*

Ce grand homme ne voyait qu'avec horreur répandre le sang le plus vil ; ne pouvant détruire les combats féroces des gladiateurs, il en corrigea l'inhumanité, en donnant des fleurets au lieu d'épées aux athlètes. La multitude l'ayant preflé de donner la liberté au maître d'un lion qu'on avait inftruit à dévorer des hommes, quoiqu'il fût que l'expérience avait été faite fur des criminels , il refufa cette grace avec la plus grande fermeté, difant que cet efclave n'avait rien fait qui méritât la plus légère récompenfe.

Cette bonté s'étendait également fur tous les fujets de l'Empire ; il nourriffait une province à fes frais, quand elle était en proie aux horreurs d'une famine ; il rétablit Ephèfe, Smyrne & Nicomédie , renverfées par un tremblement de terre ; il répara les ravages d'un incendie qui avait été fur le point d'anéantir Carthage.

Ce grand fonds d'humanité avait pour bafe, non-feulement un caractère heureux , mais encore une philofophie indulgente, & Antonin le dit un jour avec énergie, quelques jours après que Marc-

Aurèle fut nommé César. Ce jeune Prince pleurait avec amertume son inftituteur, qu'une mort inattendue venait de lui enlever, & les courtifans lui reprochaient cette fenfibilité comme une faibleffe : *Permettez-lui d'être homme*, dit Antonin, *la Philofophie , ni le rang fuprême , ne doivent étouffer le cri de la nature.*

On fe doute bien qu'avec une philofophie auffi humaine, Marc-Aurèle ne dut voir qu'avec horreur les dévaftations de la guerre; il la fit cependant , parce que la majefté du nom Romain femblait l'exiger; mais il y mit tant de modération, qu'il parut moins un conquérant qui veut exterminer un ennemi, qu'un père de famille qui fépare des enfans qui vont s'entre-détruire.

Les Marcomans, fuivis d'autres barbares, qui, chaffés de leur pays par des peuples feptentrionaux , venaient, à la pointe de l'épée, fe créer une nouvelle patrie, ravageaient depuis long-temps la Pannonie & les terres de l'Empire qui avoifinaient le Danube. Ces provinces dévaftées, implorèrent la protection des deux Empereurs, qui partirent tous deux à la tête d'une armée puiffante : l'expédition dura près de trois ans, & ce ne fut qu'après un grand nombre de victoires, que les frontières de l'Etat purent être mifes à l'abri des infultes des Barbares.

Les triomphes de Marc-Aurèle furent fuivis d'un évènement non moins heureux pour l'Empire ; pendant que les deux Empereurs, affis dans le même char, revenaient à Rome à grandes journées, Verus, qui depuis long-temps déshonorait la pourpre dont il était revêtu, fut attaqué d'une apoplexie, & mourut trois jours après, fans avoir recouvré la parole; il entrait dans fa quarantième année, dont il en avait régné neuf avec Marc-Aurèle.

L'apothéofe de tous les Princes qui mouraient fur le Trône des Céfars, était depuis long-temps paffé en ufage. Marc-

Aurèle, qui n'ofait réclamer contre une cérémonie auffi facrilège, eut la faibleffe de permettre qu'on érigeât un temple à ce Verus, qui, à la cruauté près, avait fait revivre Néron.

Dans l'intervalle de la mort de Verus & de fon apothéofe, les Marcomans, indignés du traité humiliant qu'on leur avait fait figner, avaient repris les armes, tué vingt mille hommes aux Romains, & defcendus en Italie, faifaient le fiège d'Aquilée. Marc-Aurèle ramena fes légions en Pannonie, & demeura cinq ans en préfence des Barbares, les battant toutes les fois qu'il était lui-même à la tête de fon armée : c'eft dans cette expédition qu'il parut recevoir un gage de la faveur célefte, qu'on regarda dans prefque tout l'Occident comme un prodige. Les Quades, alliés des Marcomans, avaient attiré fon armée dans un vafte défert, où, tourmentée par l'excès de la chaleur, par la fatigue d'une marche pénible, & fur-tout par la foif, elle était fur le point de périr, sans pouvoir tirer l'épée. Tout-à-coup le ciel devient nébuleux, & une grêle horrible, mêlée de tonnerres & d'éclairs, vient assaillir les Barbares qui gardaient l'entrée du désert, tandis que les Romains, qui n'eurent que la queue du nuage, reçurent une pluie bienfaisante qui leur rendit le courage & la vie. « Ce double prodige, dit Dion, de qui » nous tenons ce fait, donna la victoire » à Marc-Aurèle. Les Quades, pour se » mettre à l'abri de la foudre, vinrent, » en jettant leurs armes, chercher un » asyle au milieu de leurs ennemis. L'Em- » pereur leur accorda la vie, & fut pro- » clamé par ses troupes Général victo- » rieux, pour la septième fois (a) ».

Marc-Aurèle, en traitant avec les en-

____

(a) Dion fait honneur de cette journée merveilleuse à l'opération magique de l'Egyptien Arnuphis; Eusebe, aux prières d'une légion toute chrétienne; & Capitolin, à la vertu de Marc-Aurèle.

nemis qu'il avait si souvent vaincus, stipula qu'on lui rendrait cent mille prisonniers faits dans le cours de la guerre, & par reconnaissance, il établit des colonies de Barbares dans le pays des Daces, en Pannonie, chez les Germains, & jusqu'à l'entrée de l'Italie.

L'Officier Romain qui se signala le plus dans cette guerre contre les Marcomans, est Pertinax, que nous verrons monter bientôt sur le Trône des Césars. Pertinax, fils d'un affranchi obscur d'une petite ville de Ligurie, ne s'était fait un nom que par ses talens & sa sévère probité. Marc-Aurèle, qui était trop philosophe pour n'attendre des services militaires que d'une noblesse inutile, sentant le besoin qu'il avait du génie de cet Officier de fortune, le fit entrer au Sénat, lui confia le commandement d'une légion, & d'après la renommée de ses exploits, malgré les cris de l'envie qui croyait les premières Magistratures souillées par le défaut de naissance des Citoyens

qui en étaient revêtus, il l'éleva au Confulat. Cette noble fermeté de Marc-
Aurèle valut à Rome un grand Empereur
de plus.

Pendant que Marc-Aurèle goûtait en
paix la fatisfaction pure d'avoir pacifié
le monde, il apprit la révolte de Caffius.
Ce rebelle, originaire de Syrie, & fils
du Rhéteur Héliodore, était un excellent
guerrier qui s'était fignalé dans la guerre
contre les Parthes ; mais, à ce talent
près, il réuniffait dans fa perfonne tous
les vices, & fur-tout un goût effréné
pour répandre le fang humain : on le
nommait un fecond Catilina, & il en
faifait gloire ; de bonne heure il afpira
au Trône des Céfars, & on croit qu'il
avait eu deffein de détrôner Antonin.
Marc-Aurèle n'ignorait pas les menées
de ce factieux ; mais plein du principe,
qu'*un Souverain électif ne faurait tuer fon
fucceffeur*, il continuait à l'employer dans
toutes fes expéditions contre les Barbares ; enfin l'orage tant annoncé éclata,

&c on prétend que Fauſtine même, l'épouſe de l'Empereur philoſophe , y donna la main., ſous la condition que le rebelle l'épouſerait , le jour même de ſon avènement. Quoi qu'il en ſoit de ce fait , auquel les mœurs dépravées de Fauſtine peuvent ſeules donner une ombre de vraiſemblance, Caſſius apprenant une légère maladie de Marc-Aurèle , le ſuppoſa mort, fit ſon apothéoſe , & revêtant la pourpre , ſe fit reconnaître dans tout l'Orient. Cependant il n'y eut point de guerre civile ; le rebelle avait à peine régné trois mois , que deux de ſes Officiers le tuèrent, dans une marche, avec ſon Préfet du Prétoire , & portèrent ſa tête à Rome ; ſon fils ſubit le même ſort , & fut maſſacré à Alexandrie.

Cette défection, qui avait partagé l'Empire, n'entraîna la chûte que de ces trois têtes. Marc-Aurèle , quand on lui préſenta celle de Caſſius, détourna les yeux avec effroi , la fit inhumer honorablement , & gémit de ce qu'on lui avait

ravi l'occasion de pardonner à l'ennemi,
qui en voulait à son Trône & à sa vie;
il brûla tous ses papiers sans les lire, dé-
clarant *qu'il ne voulait point être forcé à
haïr des Citoyens*; & à l'exception d'Héliodore, que le Sénat fit enfermer dans
une île comme un caractère altier &
intraitable, tous les enfans du coupable
vécurent en paix dans Rome, non comme
la postérité d'un ennemi de la patrie vaincu
& puni, mais avec toute la splendeur de
leur ancienne fortune : de prétendus
hommes d'Etat blâmèrent tant d'indulgence; ils disaient que si Marc-Aurèle
avait été vaincu, il aurait éprouvé moins
de clémence : *on n'est point vaincu*, répondit le Sage couronné, *quand on honore
les dieux, & qu'on vit comme les héros de
l'ancienne République*.

Marc-Aurèle vécut encore deux ans à
Rome, jouissant de la reconnaissance de
la nombreuse famille de ses peuples; mais
il fut obligé d'en sortir pour commencer
une troisième expédition contre les Mar-

comans. Après un grand nombre de victoires, & fur le point de voir l'Occident
pacifié, il tomba tout-à-coup malade à
Vindobona, notre moderne Vienne en
Autriche ; les uns ont cru que ce grand
homme avait été empoifonné par Commode fon fils ; d'autres ont imaginé qu'il
s'était tué volontairement, de regret d'avoir
donné le jour à un monftre qui allait
être le fléau du monde : il eft plus probable qu'il périt de la pefte, qui commençait à faire du ravage dans fes légions :
fa maladie ne fut que de fept jours. A
cette époque, après une douce agonie
qui annonçait le fommeil du jufte qui
va fe réveiller dans le fein de l'Etre-
fuprême, il expira, après dix-neuf ans de
règne ; il n'en avait pas tout-à-fait vécu
foixante.

La mort de Marc-Aurèle occafionna
un deuil général dans l'Empire, & ce
deuil était encore plus dans les cœurs
que fur les habits. Rome entière, & non
le Sénat feul, fit fon apothéofe : on eût

regardé comme un impie, difent les Hiftoriens du temps, le Citoyen qui n'aurait
pas eu fon image parmi fes dieux pénates, & ce culte fe perpétua; il était
encore en vigueur un fiècle après. Dioclétien fur-tout aimait à jurer par la divinité de Marc-Aurèle.

Ce grand homme, qui avait tant de
rapports par fon génie & par fon ame
avec Socrate, n'avait pas été plus heureux que ce Philofophe dans fa vie privée.
Fauftine, la Xantippe de Marc-Aurèle,
avait empoifonné les jours de fon époux
par l'opprobre de fes mœurs & par la
dureté de fon caractère : c'était une feconde Meffaline; le peuple en paraiffait
fi perfuadé, qu'il en prenait occafion de
jetter des doutes fur la légitimité de la
naiffance de Commode, Prince dont les
inclinations viles & l'ame fanguinaire,
devaient le faire foupçonner iffu d'un
gladiateur plutôt que d'un Marc-Aurèle.

L'abominable conduite de Commode
n'avait pas échappé à la vigilance de fon

père ; il fentait combien un pareil monftre était propre à le faire regretter ; mais malgré fon amour pour fes peuples, il n'ofait contrarier la nature en le privant du Trône. Julien a été moins délicat, & dans fa fameufe fatyre, il déclare que le père de Commode devait défigner le fage Pompeyen fon gendre pour fon fucceffeur. Il eft probable que Marc-Aurèle crut que le pouvoir fuprême corrigerait fon fils, comme il avait corrigé Vefpafien ; & que s'il avait vu Rome gémir pendant douze ans de la tyrannie de Commode, il aurait été de l'avis de Julien.

TYRANNIE DE COMMODE (a).

COMMODE fut élevé par des Sages comme Marc-Aurèle, & il sortit des mains de ses instituteurs avec l'ame d'un Néron. Dès l'âge de douze ans, il avait manifesté son caractère de sang, en ordonnant que l'on jettât dans une fournaise embrâsée l'esclave qui n'avait pas chauffé suffisamment son bain, & il fallut que l'Intendant de sa maison fît brûler dans la fournaise une peau de mouton, afin que l'odeur qui s'en exhalait fît croire au tigre naissant qu'on avait assouvi sa férocité.

Son adolescence remplit des présages aussi sinistres : à peine fut-il nommé Prince de la jeunesse & César, qu'il se

______

(a) *Dion*, dans les extraits de Valois, *Aurelius Victor*, *Capitolin*, *Spartien*, *Lampride & Herodien*.

fit gladiateur, bateleur & cocher. Son appartement, dans le palais Impérial, devint aussi un lieu de prostitution, où les deux sexes faisaient assaut d'infamie. Marc-Aurèle, instruit de ces désordres, chassa les corrupteurs de son fils ; mais celui-ci étant tombé malade de chagrin, la tendresse aveugle de l'Empereur les rappella : il aimait mieux que Commode restât vil, que de le perdre. Ce grand homme semblait ignorer qu'un homme vil ne meurt jamais de chagrin.

Commode, à la mort de Marc-Aurèle, se trouvait sur les bords du Danube ; il se revêtit de la pourpre, sans consulter le Sénat, sans s'autoriser du vœu des soldats ; ensuite il acheta la paix des Marcomans, tant de fois vaincus par son père, & se rendit avec précipitation à Rome, pour jouir, à ce qu'il disait, du pouvoir absolu, c'est-à-dire, pour être sans danger, Busiris & Sardanapale.

Son triomphe sur les Germains développa aux regards publics l'opprobre de ſes mœurs ; il plaça ſur ſon char un vil ganymède, le baiſant ſans ceſſe tout le long de la route ; & c'eſt en proſtituant ainſi la majeſté impériale, qu'il alla remercier les dieux du Capitole.

Les premiers excès de Commode, devenu Empereur, roulent tous ſur l'affreux débordement de ſes mœurs. Sans entrer, avec les hiſtoriens de ce tyran, dans des détails dont la décence philoſophique aurait à rougir, il ſuffit de dire qu'il abuſa de toutes ſes ſœurs, & qu'il imagina un ſerrail de ſix cents victimes de la proſtitution, ſoit de l'un, ſoit de l'autre ſexe, avec leſquelles il renouvella les ſcènes monſtrueuſes de Tibère dans ſon infâme repaire de Caprée.

L'ancienne Cour de Marc-Aurèle fit éclater ſa juſte indignation ſur de tels déſordres. La ſœur de Commode, mariée d'abord à Verus, & enſuite à Pompeyen, qui jouiſſait du rang & du titre d'Impératrice, fit encore plus ; elle conſpira contre le jeune tyran. Pompeyen ne fut pas inftruit du complot, parce qu'on craignait fa vertu : ce fut Quadratus, lié avec la digne fille de Fauftine par un commerce adultère, qui fut l'ame de l'intrigue ; elle échoua par l'indifcrétion du conjuré, qui s'était chargé de porter le premier coup. Commode entrait au théatre par une galerie mal éclairée, lorfque le fatellite de Quadratus parait le poignard à la main, & fondant fur le Prince, lui crie : *tiens, voilà ce que le Sénat t'envoie.* Ce mot donna le temps à Commode de fe mettre en défenfe ; les gardes accourent, faififfent le conjuré, & le mettent dans les chaînes.

Le même jour, l'affaffin mis à la torture, découvrit toute la conjuration : il fut mis à mort, ainfi que Quadratus. La fœur de l'Empereur fut reléguée dans l'île de Caprée, & peu de temps après étranglée dans fon exil ; ce qu'il y a de plus affreux dans cette profcription, c'eft que le mot terrible de l'affaffin refta profondément gravé dans la mémoire de

Commode. Ce Prince, persuadé que le Sénat avait juré sa mort, jura la ruine du Sénat, & ne crut qu'user du droit de représailles.

Paternus, un des Préfets du Prétoire, était du nombre des conjurés ; mais l'assassin de Commode ne l'ayant pas nommé, il ne tenait qu'à lui d'échapper à la proscription. Un coup hardi qu'il fit à cette époque amena sa ruine ; il fit assassiner le ganymède, que le tyran avait montré assis sur son char, le jour de son triomphe ; & celui-ci outré, le fit accuser par des délateurs à ses gages, qui, rassemblant divers indices, renouèrent la chaîne rompue de la conspiration. Paternus succomba, & fut envoyé au supplice.

La mort de Paternus entraîna la perte d'une partie de la noblesse de Rome ; les deux Consuls, actuellement en charge, furent envoyés en exil, & des personnages non moins illustres, qui se trouvaient à la tête du Sénat, périrent ignominieusement sur un échafaud.

Crispina, l'Impératrice régnante, survécut peu à ces troubles, que peut-être elle avait fomentés. Accusée d'adultère, elle fut transportée, par ordre de son féroce époux, dans l'île de Caprée, & quelque temps après, égorgée comme l'ancienne Impératrice, femme de Pompeyen.

Les troubles, dans ce règne de fer, naissaient des troubles. Maternus, simple soldat déserteur, mais qui ne manquait pas de génie, & qui de plus avait cette audace qui, dans les Etats absolus, conduit au Trône ou à l'échafaud, après avoir fait quelque temps le métier de brigand dans les Gaules, enhardi par l'impunité, se proposa de tuer Commode, & de se faire Empereur à sa place.

Il sépara ses troupes, leur ordonna de passer en Italie par petites cohortes, & se rendit lui-même à Rome, déguisé, ainsi que sa suite, en gardes Prétoriens. Son plan était de se mêler avec le cortège de Commode, au milieu de la pompe d'une fête de Cybèle, de s'approcher de sa personne, de le faire entourer par ses soldats, & de le massacrer. Le complot échoua, parce que le brigand voulut traiter ses égaux avec toute la hauteur du commandement militaire : ceux-ci le décèlèrent ; alors on l'arrêta avec le plus grand nombre des conjurés, & ils furent tous envoyés au supplice.

Commode, aussi féroce que Tibère, avait un Séjan comme lui ; ce Séjan était Perennis, le Préfet du Prétoire, qui ne voulant composer la Cour que d'hommes aussi vils que leur maître, avait juré la perte de tous les anciens amis de Marc-Aurèle. Son affreux ministère renversa toutes les loix ; il se défit, au gré de son caprice, de tous les Citoyens qui lui faisaient ombrage, exilant les uns, faisant périr les autres sur l'échafaud, & s'appropriant la dépouille de tous ; quand il se trouvait des Sages de l'ancien règne, qu'on ne pouvait faire soupçonner de l'ombre même d'un délit, l'abominable Ministre les profcrivait, dit-on, comme ayant eu la volonté de nommer Commode leur héritier, & lui faifant attendre trop long-temps leur fucceffion. Cette audace effrénée qui fe joue même de l'opinion publique, avait échappé à la tyrannie raifonnée des Domitien & des Néron.

Perennis, en rendant auffi odieux le gouvernement de Commode, travaillait pour lui-même ; fon plan était, quand la haine publique ferait à fon comble, de maffacrer le Souverain dont il avait aidé à faire un monftre, & de le remplacer au Trône des Céfars, à l'aide des légions d'Illyrie, dont il avait donné à fon fils le commandement.

Toutes les intrigues du nouveau Séjan furent dévoilées au nouveau Tibère, de la manière la plus étrange. Un jour que l'Empereur affiftait à des jeux, un philofophe cynique monte fur le théatre, étend le bâton de Diogène pour impofer filence à la multitude, & fe tournant du côté du Trône : *Commode*, dit-il, *voilà* bien le moment d'amuser ta frivolité à de vains spectacles, tandis que l'épée de Perennis est suspendue par un fil sur ta tête : on assemble ici des forces ; on corrompt la fidélité des légions, & si tu ne frappes ton assassin, c'en est fait de ta vie. Commode fut troublé, & son émotion se décela sur son visage ; mais Perennis paya d'audace, & se hâtant d'abuser d'un pouvoir qui lui échappait, il fit brûler vif le hardi Philosophe.

Le coup heureusement était porté : Commode, le plus ombrageux des hommes, fit éclairer Perennis par des hommes jaloux de sa place ; & convaincu de sa conspiration, le livra aux soldats de sa garde, qui, après l'avoir couvert d'opprobre, le mirent en pièces : sa femme, sa sœur & ses deux fils partagèrent son désastre, & cette maison, qui quelques jours auparavant donnait des loix au monde, fut détruite en un instant, sans qu'il en restât de vestige. Rome pardonna quelque temps à Commode les attentats de fon règne , parce que du moins, il avait paru jufte une fois dans fa férocité (a).

Commode, de fon côté, effrayé des orages qui jufqu'à ce moment avaient menacé fon Trône , fit quelques pas pour regagner la bienveillance publique ; il répara quelques injuftices de Perennis, &, entr'autres actions d'éclat , rappella Pertinax d'un exil, où le crédit du favori le laiffait languir depuis trois ans , & l'envoya pacifier la Grande-Bretagne.

Ces lueurs de vertu , avec le brillant de l'éclair, eurent fa rapidité. Commode, fait pour être gouverné, donna bientôt fa confiance à Cléandre, qui fe joua non

____

(a) Il faut obferver que Dion , contre l'autorité de Lampride , d'Hérodien & des autres hiftoriens de Commode , fait un grand éloge de Perennis ; fa plume effrénée adule la tyrannie puiffante, avec la même indécence, qu'elle calomnie Sénèque , Cicéron & les héros de la République.

moins infolemment que Perennis de l'honneur des femmes & de la vie des hommes.

Cléandre, efclave de Phrygie, était entré au palais Impérial, fous Marc-Aurèle, pour y exercer le plus vil miniftère : il fe rendit cher à Commode par fes complaifances criminelles, & celui-ci, en l'affranchiffant, lui fit époufer une de fes concubines. Long-temps favori fans titre du Prince, après la mort de Perennis, il fe fit donner fon miniftère, & exerça, à l'ombre du defpotifme impérial, le plus odieux brigandage : tout était à vendre auprès de lui, les places de Sénateurs, le Patriciat, les Gouvernemens de province, & les commandemens des armées. Afin de multiplier fes rapines, il multipliait les charges ; & à cet effet, il nomma, dans une feule année, jufqu'à vingt-cinq Confuls, ce qui ne s'était jamais vu depuis la fondation de la République. Tout ce brigandage était légitimé aux yeux de Commode, parce que fon Miniftre partageait le fruit de tant de concussions avec ses concubines.

Il en coûta cher à Antistius Burhus, beau-frère de l'Empereur, pour avoir voulu lui ouvrir les yeux sur les excès de son favori ; celui-ci accusa à son tour l'illustre Consulaire d'attentats contre la sûreté du Trône, & réussit à le faire mettre à mort. Arrius Antoninus, aussi de la maison des Césars, fut une autre victime sacrifiée au tyran subalterne ; il paya de sa tête le courage d'avoir souhaité publiquement un nouveau règne de Marc-Aurèle.

Le Sénat tremblait, le peuple le sauva. Une famine étant survenue, le surintendant des vivres, pour se décharger du fardeau de la haine publique, prétendit que Cléandre accaparait le bled dans ses magasins, pour se frayer ensuite, par des largesses ambitieuses, un chemin à la toute-puissance : la multitude s'ameute ; il y a des combats sanglans entre elle & les Prétoriens. A la fin Commode, qui appréhende d'être détrône, facrifie fon favori à la sûreté de fa perfonne, & lui fait trancher la tête en fa préfence. A l'inftant, le tumulte s'appaife, & toutes les haines des combattans fe réuniffent pour exterminer la famille de Cléandre; deux enfans qu'il avait, & dont l'un, à peine forti du berceau, était élevé fur les genoux de Commode, font maffacrés; fes parens, fes amis, tout ce qui l'approche, partage fon défaftre : on les met en pièces, quoiqu'ils foient fans défenfe; & après avoir traîné avec des crocs leurs cadavres dans les rues de Rome, on les jette avec ignominie dans les égouts de Tarquin.

Commode, depuis ce moment, ne prit plus de Miniftres en titre; mais il fe laiffa gouverner par d'infâmes pantomimes qui achevèrent de le rendre l'opprobre de Rome & de l'Empire : il avait toujours eu un des goûts les plus effrénés de Néron, celui de fe donner en fpectacle, foit en jouant le vil perfonnage de cocher, foit en luttant avec les bêtes féroces en qualité de gladiateur ; d'abord un reste de pudeur l'engagea à se renfermer, pour ces indignes exercices , dans l'enceinte du palais ; ensuite il secoua toute honte, & rendit le Sénat & le peuple témoin de son ignominie : on inscrivait ses prétendus exploits sur une espèce de gazette , qui rendait compte des anecdotes mémorables de la ville ; & c'est par cette voie, que la postérité a su que le tyran avait combattu trois cents soixante-cinq fois du vivant de son père , & sept cent trente-cinq fois depuis sa mort : le même journal faisait mention de mille palmes remportées par le gladiateur couronné, dans ces luttes si déshonorantes pour un Trône, où s'étaient assis Titus, Trajan & Marc-Aurèle.

Au reste, Commode, il faut l'avouer, avait l'adresse des Thésée & des Méleagre ; il fit un jour publier des jeux où il devait se donner en spectacle dans le Cirque, tuer lui seul toutes les bêtes qu'on lâcherait dans l'arène , & lutter

enſuite contre les plus vigoureux des gladiateurs : il répondit, à cet égard, à l'attente de la multitude. Quelque rapide
que fût la courſe des bêtes, ou farouches
ou ſimplement ſauvages , il ne tirait
jamais deux dards ſur la même, & toutes
les bleſſures qu'il leur faiſait étaient mor-
telles. Un léopard s'étant précipité ſur
un malheureux qui était deſcendu dans
le Cirque malgré les barrières , il abattit le
féroce quadrupède, ſans toucher à l'homme
dont la tête était déjà ſous ſes dents. Dans
une autre occaſion, on fit ſortir de leurs
loges cent lions , qu'il tua tous les uns
après les autres avec un pareil nombre
dé javelots : il réuſſit également dans ſa
lutte contre les gladiateurs ; les uns cédant
à la force ; les autres, plus courtiſans, maſ-
quant avec adreſſe leur ſupériorité. Après
cette journée que le tyran regardait comme
la plus glorieuſe de ſa vie , il fit abattre
la tête du coloſſe du ſoleil, & y ſubſtitua la
ſienne , ordonnant de graver ſur la baſe,
Commode triomphant de mille gladiateurs.

Commode, après tant de trophées destinés à éterniser son extravagance, ac-
cumula sur sa tête tous les titres que,
jusqu'alors, chaque César, en particulier,
s'était arrogé. Il nous reste la subscrip-
tion d'une de ses lettres au Sénat, qui
peut faire juger, à cet égard, du délire
de sa vanité : *l'Empereur César, Aurèle,
Commode, Auguste, le Pieux, l'Heureux,
le Sarmatique, le Germanique, le Bri-
tannique, l'Invincible, l'Hercule de Rome,
le Pacificateur du monde, huit fois Général vainqueur, sept fois Consul, Père
de la Patrie, à l'heureux Sénat Commodien, salut.*

Ce nom de *Commodien* donné au Sénat
de Rome, rappelle une autre manie de
l'indigne fils de Marc-Aurèle ; il voulait
donner son nom, comme nos grands
Seigneurs donnent leur livrée, à tout
ce qui reconnaissait sa puissance : les
légions de l'Empire étaient appellées,
dans sa Chancellerie, *Commodiennes ;*
Rome, la *colonie de Commode*, & le

'siècle même où il vivait, le siècle *Commodien.*

Au reste, le Sénat, tout *Commodien* qu'il était, n'était pas à l'abri de ses fureurs; afin même de faire entendre à cette auguste Compagnie, que son despotisme lui donnait sur elle le pouvoir de vie & de mort, il fit placer une de ses statues devant le temple où elle s'assemblait, où il était représenté l'arc bandé contr'elle. En général il voulait que ses images mêmes inspirassent de la terreur, & que leur marbre eût un air menaçant. À sa mort, le Sénat fit abattre cette statue insolente, & ordonna qu'on érigeât en sa place le buste de la liberté.

Commode, au métier infâme de gladiateur, joignait une jalousie basse contre tout athlète dont il pouvait craindre la supériorité; il y avait dans Emèse un certain Jule-Alexandre, dont la tête était surchargée de couronnes méritées dans les jeux du Cirque. Commode, jaloux d'être le seul gladiateur célèbre de son

Empire, donna l'ordre de le mettre à mort. Alexandre, averti de sa proscription, part d'Emèse, attend dans une embuscade les soldats envoyés contre lui, & seul, les massacre tous ; ensuite il monte à cheval, & se dispose à aller demander un asyle aux Barbares ; sa tendresse coupable, pour un jeune ganymède, l'empêcha d'exécuter son projet. Comme la faiblesse de cet enfant retardait sa marche, ceux qui le poursuivaient eurent le temps de l'atteindre ; à leur approche, l'athlète voyant qu'il fallait périr, égorgea son ganymède, & se tua ensuite lui-même.

Commode ne se contentait pas de victimes obscures : tout ce qui l'approchait était tôt ou tard immolé à sa politique ombrageuse ; il fit couper la tête à Julianus & à Regillus, ses deux Préfets du Prétoire : on brûla vifs, par son ordre, les enfans du rebelle Cassius, respectés par la philosophie bienfaisante de Marc-Aurèle. Mamertin, beau-frère du Despote, Antonin son neveu, & Fauftine, la coufine germaine de son père, périrent par le fer ou le poifon. De tous les personnages illuftres qu'on avait employés à l'adminiftration, fous le règne précédent, le monftre n'épargna que trois hommes, Victorinus, le meilleur orateur de son fiècle, Pompeyen, gendre de Marc-Aurèle, & Pertinax.

Caligula était l'idole de Commode; il ne pouvait souffrir qu'on dît du mal de ce tyran frénétique, & il condamna un Citoyen aux bêtes, uniquement pour avoir lu fa vie par Suétone.

Je crains qu'on n'accufe les faibles Hiftoriens, du fils de Marc-Aurèle, de crédulité; mais quand on a lu Tacite & l'Hiftorien des Céfars, tout devient vraifemblable dans un Defpote infolent, à qui tout dit qu'il peut se jouer de la vie des hommes. Commode, à en croire les Lampride & les Dion, s'amufait à priver d'un œil ou d'un bras les malheureux dont l'afpect lui déplaifait; il engageait des Officiers de fa maifon à permettre qu'il leur fît la barbe, & il leur abattait avec le rafoir le nez ou les oreilles; quand il favait qu'un Citoyen avait dit qu'il était las de vivre, il le prenait au mot, & le faifait jetter dans un précipice. On prétend qu'il fit un jour ouvrir le ventre à un homme fort replet, pour fe donner le plaifir de voir fes entrailles fe répandre.

Voici un dernier trait de férocité non moins étrange, & qu'on eft tenté de révoquer en doute, quoiqu'attefté par Dion, témoin oculaire. Comme le tyran fe prétendait le rival d'Hercule, il voulut, à l'exemple de ce Paladin de l'âge des fables, pourfendre des géans, & exterminer des monftres. Pour cet effet, il raffembla tous les boiteux de Rome, les fit envelopper depuis les genoux de draps colorés, qui fe terminaient en queues de dragons, les arma d'éponges au lieu de rochers, enfuite courant fur eux, il les affomma à coups de maffue.

Commode, fur la fin de fon règne, fe doute bien que, haïffant tout le monde, il étoit univerfellement haï. Pour fe mettre à l'abri des complots, il fe tint invifible dans fes maifons de plaifance, & porta la défiance jufqu'à employer, à l'exemple de Denys le tyran, une flamme légère pour fe brûler les poils de la barbe, afin de ne point confier fa tête au rafoir d'un barbier.

Ses précautions même amènerent fa perte ; il croyoit avoir des amis dans Marcia fa maîtreffe, dans Lœtus fon Préfet du Prétoire, & dans Electus, à-la-fois fon Chambellan, & le Miniftre de fes plaifirs, & ces amis de Cour en purgèront l'univers.

Le dernier jour de l'année civile, il médita un plan digne de lui ; il réfolut de faire tuer, le lendemain matin, les deux Confuls qui devoient entrer en charge, de fe fubftituer feul à leur place, & de réunir fur fa perfonne les ornemens de la première Magiftrature avec l'équi-

page de gladiateur. Ce plan une fois concerté, il n'eut rien de plus preſſé que d'en
faire part aux ſeuls amis qu'il s'imaginait
lui reſter, & qui rougiſſant pour lui de
voir ainſi proſtituer la majeſté Impériale,
firent l'impoſſible pour l'en diſſuader.
Commode s'indigna de ce qu'il ſe trouvait dans l'immenſe troupeau d'eſclaves
qu'il gouvernait, quelqu'un qui oſât n'être
pas de ſon avis, & il ſortit dans le deſſein
de ſe venger : en entrant dans l'intérieur
de ſes appartemens pour faire ſa méridienne, il prit des tablettes faites d'une
pellicule de tilleul, & y dreſſa une table
de proſcription. A la tête des victimes
qu'il ſe propoſait de faire égorger la nuit
ſuivante, étaient Marcia, Lœtus &
Electus, enſuite une foule de Sénateurs,
& tout ce qui reſtait des amis de ſon
père; ces tablettes furent jettées négli-
gemment ſur le chevet du lit où il voulait
repoſer, & il commença à s'aſſoupir.
Quelques momens après, le ganymède
du tyran entre dans le cabinet : c'était un

jeune adolefcent à demi nud, & dont la beauté était relevée par l'éclat des pierreries. Comme il cherchait à jouer, il trouve fous fa main les tablettes fatales, les emporte, & rencontre Marcia, qui les lui arrache, & y lit l'arrêt de fa mort. A l'inftant, elle inftruit le Préfet du Prétoire & le Chambellan, de l'horrible reconnaiffance, dont Commode veut payer leurs fervices; & tous trois, de concert, arrêtent d'empoifonner le tyran, avant qu'il puiffe faire des recherches fur la perte de fes tablettes.

Marcia prépara le breuvage, & le préfenta lorfque Commode fortait du bain. A l'inftant la tête du tyran s'affoupit; mais lorfque le poifon commençait à agir fur l'eftomac, il furvint une crife qui amena un vomiffement: les trois conjurés frémirent; ils fentaient que leur victime allait leur échapper; ils fe hâterent de mettre le Médecin du Prince dans leur confidence, & celui-ci perfuada au nouveau Néron que, pour diffiper fon ver-

tige, il devait prendre l'exercice de la
lutte. L'athlète Narcisse était alors à la
porte du palais, & on l'instruisit à la hâte
du rôle terrible qu'il avait à jouer ; il
entra dans l'intention d'être le vengeur
du monde, &, en luttant avec Commode, il le saisit à la gorge & l'étouffa.
Le monstre, quand il périt, avait trente-un
ans, & il avait étendu pendant treize son
sceptre d'airain sur Rome & sur le monde.

RÉVOLUTIONS DU TRONE DES CÉSARS, DEPUIS PERTINAX JUSQU'A ALEXANDRE (a).

L'INTERVALLE que nous allons parcourir eſt de vingt-ſept ans ; pendant ce temps-là, le Trône des Céſars eſt occupé par ſix Souverains, & ſi on admet l'opinion que la mort de Sevère fut avancée par ſon fils, aucun d'eux ne périt de ſa mort naturelle. L'Empire du monde, grace au deſpotiſme qui en fait la baſe, reſſemble à cette royauté d'eſclaves, dont nous avons parlé dans l'hiſtoire de Rome république, & où le ſceptre appartient à l'homme qui aſſaſſine, juſqu'à ce qu'il ſoit aſſaſſiné à ſon tour.

____

(a) Voy. *Dio. Caſſ.* lib. LXXIII, &c. & in excerpt. Valeſ. *Lamprid. Herodian. Capitolin. Spartian. Eutrop. Aurel. Vict. Ammian. Marcellin.* paſſim & *Euſeb.* in chronic.

Les conjurés qui avaient empoisonné Commode, pour donner encore plus à ce coup d'Etat un vernis de patriotisme, résolurent de donner la pourpre impériale à Pertinax, alors Gouverneur de Rome, & regardé, par les gens de bien, comme le seul Consulaire digne d'occuper le Trône de Marc-Aurèle. A l'instant, ils sortent du palais, & vont trouver ce grand homme; il était minuit, & quand Pertinax vit entrer le Préfet des Prétoriens, il ne douta pas que Commode n'envoyât l'assassiner; cependant il ne changea pas de visage, & se levant à demi sur son lit, avec cet air de majesté qu'avait Galba, quand il présenta sa tête vénérable aux poignards des Prétoriens: *je m'attendais, dit-il, toutes les nuits à mourir; je restais seul des amis de Marc-Aurèle, & je ne comprenais pas pourquoi le tyran, qui se dit son fils, différait tant à m'y rejoindre.* Lœtus éclaircit tout le mystère, & Pertinax, après avoir balancé quelque temps s'il chargerait sa vieillesse du fardeau de gouverner le monde, se laissa conduire au camp des Prétoriens, où il fut proclamé Empereur, grace aux acclamations redoublées de la multitude, & sur-tout à douze mille sesterces qu'il eut la faiblesse de promettre à chaque soldat de la garde. Depuis long-temps, il était passé en usage que, pour jouir de l'Empire, il ne suffisait pas de s'en rendre digne, & qu'il fallait encore l'acheter.

Du camp, Pertinax se rendit au Sénat, mais sans cortège & sans aucune marque du pouvoir souverain : c'était un hommage qu'il rendait au corps dépositaire de la toute-puissance pendant les interrègnes. Il déclara que, nommé Empereur par les soldats, il était prêt d'abdiquer, si la Compagnie croyait pouvoir faire un meilleur choix, & sans attendre de réponse, prenant par la main Acilius Glabrio, le plus illustre des Patriciens, il le proposa pour successeur de Commode. Acilius répondit en héros à tant de générosité : *Pertinax*, dit-il, *me juge digne de l'Empire ; eh bien , je le lui défère.* Le Sénat applaudit , & le vieillard illuftre reçut à l'inftant tous les titres de la puiffance impériale , jufqu'à celui de père de la patrie : il voulut y joindre celui de Prince du Sénat , tombé depuis long-temps en défuétude , mais qui flattait encore les vieux Romains , parce qu'il rappellait le fantôme de l'ancienne République.

Le Sénat & la multitude étaient enchantés du nouveau Gouvernement : les Prétoriens feuls s'abandonnaient en fecret à d'indignes murmures ; cette milice infolente, dont les oreilles étaient fans ceffe frappées des mots de réforme & de difcipline, regretta la tyrannie de Commode , & pouffait des foupirs , quand elle voyait abattre fes ftatues. A peine trois jours s'étaient écoulés , depuis la révolution, qu'elle voulut faire un nouvel Empereur : fon choix tomba fur un Sénateur diftingué , du nom de Triarius, qui n'étant point complice d'un pareil attentat , fe

fauva prefque nud des mains de fes électeurs, & alla fe réfugier dans le palais
auprès de Pertinax.

Pertinax vit qu'il n'était pas affez puif-
fant pour punir de pareils coupables ;
ainfi, il fut contraint de plier. Il confirma
les privilèges des Prétoriens ; & comme il
ne fe trouvait à cette époque qu'un million
de fefterces dans le palais impérial, pour
ne point furcharger fes peuples d'impôts,
afin d'acquitter la largeffe qu'il avait pro-
mife aux foldats, il vendit tout l'attirail
infenfé du luxe de fon prédéceffeur. Une
autre action d'éclat qu'on lui attribue dans
le même temps, lui fit un honneur infini
auprès de tous les Citoyens dignes de l'apprécier : des Ambaffadeurs de Barbares
que Commode foudoyait pour avoir la
paix, avaient reçu leur tribut, quelques
jours avant la révolution. L'Empereur,
par le confeil de Lœtus, fit courir après
eux, & leur redemanda l'or qui leur avait
été remis : *portez à vos Rois,* dit l'envoyé
du Prince, *la nouvelle de la mort tragique*

du faible Souverain qui se faisait leur vassal, & dites-leur que le Trône des Césars est occupé maintenant par Pertinax. Ce secours inattendu, joint à la vente des meubles fastueux du palais, suffit à l'illustre vieillard pour payer douze mille sesterces à chaque Prétorien, & de plus, quatre cents par tête aux Citoyens peu aisés qui composaient la multitude.

Le gouvernement de Pertinax fut tel qu'on pouvait l'espérer d'un ami de Marc-Aurèle ; loin d'entendre les délateurs, il les fit punir : il abolit l'accusation pour crime de lèze-majesté, il rappella les exilés, il déclara solemnellement qu'il ne recevrait aucun legs testamentaire de tout Citoyen qui aurait des héritiers légitimes, & dit à ce sujet un mot mémorable, mais qu'on aurait trouvé très-insensé à la Cour de Commode, c'est *qu'il valait encore mieux laisser la République pauvre, que de l'enrichir par des rapines.*

Cependant les Prétoriens ne regardaient, dans les institutions vertueuses du nouveau légiſtateur, que l'impuiſſance où il les mettait de s'enrichir aux dépens de la patrie, & ils tentèrent une nouvelle révolution. Ces factieux profitant d'un voyage fait par Pertinax vers Oſtie, complotèrent de déférer la pourpre impériale à Soſius Falco, alors Conſul en exercice. L'intrigue tranſpira la veille du jour où le jeune ambitieux devait être proclamé : le Prince revint à l'inſtant, & déconcerta la manœuvre lorſqu'elle était ſur le point d'éclater. Le Sénat fit au Conſul ſon procès, & on allait le condamner au ſupplice, quand l'illuſtre vieillard déclara qu'il ne ſouffrirait jamais que, ſous ſon gouvernement, un Sénateur, même coupable, fût mis à mort. La grace du conſpirateur fut entière ; il jouit dans Rome de toute ſa fortune, & mourut dans ſon lit, laiſſant ſon fils pour ſon héritier : Lœtus, l'empoiſonneur de Commode, avait été l'ame du complot, & il conſerva ſa place de Préfet du Prétoire.

La clémence, dans les Etats abſolus,

conferve un Souverain affermi fur fon Trône ; mais elle pèrd celui qui ne vient que d'y monter, parce qu'on la prend pour le fymbole de la faibleffe.

Tout-à-coup trois cents Prétoriens fortent du camp l'épée nue à la main, traverfent la ville en plein jour, & marchent vers le palais ; toutes les portes étaient ouvertes, toutes les avenues libres. Pertinax, le père de fes peuples, fe croyait en fûreté au milieu de fa famille : on lui propofe de fuir ; mais le grand homme, qui favait vivre pour reffufciter l'ancienne République, favait auffi mourir. Il s'avance vers les féditieux d'un air intrépide, & ayant réuffi, par la majefté empreinte fur fon front & par le feu de fes regards, à s'en faire écouter : « Quoi ! leur dit-il,
» vous qui avez fait ferment de défendre
» vos Souverains, vous venez les affaf-
» finer ! que demandez-vous de moi ?
» prétendez-vous venger la mort de Com-
» mode ? j'en fuis innocent ; vous faut-il
» de nouvelles graces ? Tout ce que vous

» avez droit d'attendre d'un Prince sage
» & juste, je suis prêt à vous l'ac-
» corder ».

Cette courte harangue émeut les Prétoriens: déjà les yeux baissés en terre,
la plupart remettent leur épée dans le
fourreau; mais un Germain, plus féroce
que ses complices, leur reproche ce remord
comme un acte de faiblesse, & s'armant
de sa javeline, en porte un premier coup
au vieillard vénérable. A ce signal, le feu
qui couvait la cendre, se rallume, toutes
les épées étincellent, & l'infortuné, voyant
que toute son éloquence doit échouer contre
ces Cannibales, s'enveloppe la tête de
sa toge, comme Jules-César quand il vit
Brutus au nombre de ses assassins, & se
laisse percer sans résistance.

Pertinax périt âgé de soixante-six ans,
dont il n'avait pas régné trois mois entiers: ses meurtriers lui coupèrent la tête;
& l'ayant mise au haut d'une pique, ils
emportèrent dans leur camp ce trophée
abominable. Rome sentit, pendant les

cinq règnes désastreux qui suivirent, la grandeur de la perte qu'elle avait faite; mais elle fut contrainte de dévorer ses larmes, & ce ne fut que vingt-sept ans après, sous le règne d'Alexandre, qu'il lui fut permis de faire l'éloge de Pertinax.

Les crimes, dans une soldatesque effrénée, qu'on laisse impunis, s'enchaînent aux crimes. Les Prétoriens qui avaient assassiné Pertinax, mirent l'Empire à l'encan, & ce qui peint bien les mœurs de ce siècle de fer, il se trouva, non-seulement des vendeurs de la puissance souveraine, mais encore des acheteurs. Sulpicianus, beau-père de Pertinax, & alors Gouverneur de Rome, fut le premier qui prostitua assez la majesté Impériale pour la mettre à prix d'argent; il fit son offre aux soldats : mais comme on craignait qu'une fois sur le Trône, il ne vengeât la mort cruelle de son gendre, les factieux n'osèrent s'y arrêter, & Sulpicianus perdit en un moment le fruit

de foixante années de confidération publique, fans avoir le falaire qui devait
compenfer à fes yeux le facrifice de fa
vertu.

Didius Julianus, moins fufpect que
le beau-père de Pertinax, fut écouté :
c'était un Confulaire d'une naiffance diftinguée, qui avait amaffé, par toutes
fortes de voies juftes ou illégitimes, une
fortune immenfe ; il vint mettre l'enchère
fur Sulpicianus, qu'on repaiffait encore
dans le camp de frivoles efpérances, &
l'offre de vingt-cinq mille fefterces qu'il
promit par tête aux foldats, les décida ; il
promit, d'ailleurs, de relever les ftatues
de Commode, & de laiffer les Prétoriens
jouir des mêmes droits, c'eft-à-dire, de
la même licence que fous l'abominable
fils de Marc-Aurèle. Cet infâme marché
ainfi conclu, Didius fut proclamé Augufte, & il nomma pour Préfets du Prétoire les deux fujets que la foldatefque
lui défigna par fes fuffrages.

Le bruit de cette capitulation, la honte

éternelle du nom Romain, se répandit en un instant dans toute la ville : aussi l'indignation fut à son comble ; & quand l'Empereur des Prétoriens vint au Sénat pour faire confirmer son élection, il fut obligé de se faire accompagner de ses électeurs qui marchaient au son des trompettes & enseignes déployées , comme dans une ville prise d'assaut. Cet appareil formidable ne fit que redoubler le tumulte ; de sorte que les Prétoriens, tout le long de leur route , furent obligés de se couvrir la tête de leurs boucliers , pour se garantir des tuiles qu'on leur lançait sans danger du haut des édifices.

La harangue de Didius au Sénat ne fut pas moins étrange que son élection : *je vois* , dit-il dans son exorde , *que vous avez besoin d'un Souverain , & je me sens plus digne que personne de l'être.* Marc-Aurèle , après avoir fait vingt ans le bonheur du monde , n'aurait pas tenu un pareil langage : tout inoui qu'il paraissait dans la bouche d'un homme qui n'était guères connu que par un crime de lèze-majesté nationale, l'aspect des glaives étincelantes dont Didius était environné, le fit applaudir : on aggrégea à l'inftant le nouvel Empereur aux familles patriciennes ; on donna à fa femme & à fa fille le nom d'Augufta , & on lui déféra à lui-même tous les titres de la toute-puiffance.

Le peuple, en général, n'eft point adulateur comme les compagnies : au fortir du Sénat, la multitude accabla Didius d'injures ; il voulut l'appaifer, en lui promettant une largeffe ; on lui répondit qu'on n'avait rien à recevoir d'une main auffi vile : alors le Prince outré , ordonna à fon cortège de tomber , l'épée à la main, fur cette foule défarmée , & il y eut un grand carnage.

Didius ne jouit pas long-temps du ciel irrité, & des imprécations de la patrie : deux vengeurs parurent à-la-fois , Niger & Sevère ; le premier fut proclamé Empereur à Antioche , & l'autre en Illyric ;

ce qui amena une guerre civile, dont Rome, contre son attente, retira un double fruit, la cassation des Prétoriens & le massacre de Didius.

Pescennius Niger, petit-fils d'un Intendant des Césars, & fait, sous Commode, Consul & Gouverneur de Syrie, était un des meilleurs guerriers de son siècle; de plus, homme d'Etat, & fait pour ramener dans Rome les règnes patriotiques des Trajan & des Marc-Aurèle; l'Orient, sur sa renommée, s'empressa d'applaudir au choix des légions: malheureusement il s'endormit dans une fausse sécurité. Persuadé qu'il régnerait sans avoir besoin de tirer l'épée, il s'amusa, au lieu de venir tout d'un coup en Italie, à célébrer des fêtes dans Antioche. Ce moment de léthargie changea la destinée du monde, & Sevère eut le temps de mériter de la patrie en punissant les assassins de Pertinax, & en faisant égorger Didius.

Sevère, né non loin de Carthage, d'une famille de Chevaliers Romains, malgré une jeuneſſe licentieuſe, avait été fait Sénateur par Marc-Aurèle. Le crédit du Préfet du Prétoire Lœtus l'éleva, dans la ſuite, au Conſulat & au commande-ment des légions d'Illyrie ; il avait l'am-bition du grand Céſar & ſon activité ; il eut ſes ſuccès. A peine eut-il été pro-clamé Empereur, qu'il franchit les Alpes avec la rapidité de l'éclair ; & prévenant ſa renommée, il parut en Italie avant que Didius ſût qu'il avait un rival.

Didius n'avait pour lui que ſes vils Prétoriens & quelques cohortes énervées de la flotte de Miſène ; il commença les hoſtilités par des décrets & des aſſaſſinats : le Sénat, que ſon épée gouvernait, dé-clara Sevère ennemi public, & un cen-turion ſe chargea d'aller l'égorger par trahiſon au milieu de ſes ſoldats. Sevère ſe joua du Sénatuſconſulte, évita l'aſ-ſaſſinat, & parut à quelques milles de Rome prêt à renouveller les brigandages militaires des Sylla & des Marius.

Tous les ordres de l'Etat craignirent le

courroux du conquérant : le Sénat, qui vit Didius abandonné, le déclara déchu de l’Empire, & le condamna à mort ; le même décret déférait tous les titres de la puissance suprême à Sevère, & l’apothéose à Pertinax.

Le malheureux Didius apprit sa sentence par le Tribun qui vint l’exécuter. Ce vieillard odieux, qui avait acheté si cher un règne de deux mois & une fin tragique, chercha en vain à attendrir, par des larmes pusillanimes, le satellite du Sénat ; celui-ci le laissa tomber à ses genoux, ensuite il le fit massacrer.

Sevère, avant d’entrer dans Rome, voulut se rendre encore plus cher à la multitude, que par le massacre d’un vieillard sans défense ; il vengea Pertinax. Tous les Prétoriens qui furent convaincus d’avoir trempé leurs mains dans le sang de ce grand homme, il les envoya au supplice ; quant aux cohortes mêmes, leur ayant commandé de venir sans armes lui prêter serment, il les fit investir par ses légions ;

alors

alors montant sur son tribunal, & jettant sur cette multitude attérée des regards étincelans d'une juste colère, il lui reprocha l'assassinat de Pertinax, la vente de l'Empire, la lâcheté avec laquelle elle venait de trahir Didius, & lui faisant regarder le don de la vie comme un trait héroïque de clémence, il cassa le corps entier avec ignominie, défendant, sous peine de mort, à chaque soldat, de s'approcher de plus de cent milles de la capitale.

Après ce coup d'Etat mémorable, Sevère fit son entrée, avec l'appareil le plus fait pour inspirer la terreur ; il est vrai qu'il quitta l'habit de guerre aux portes de la ville, & qu'il monta à pied au Capitole ; mais soixante mille hommes le suivaient en ordre de bataille & enseignes déployées, & les soldats, sans discipline, prenaient sans payer tout ce qui se trouvait à leur bienséance, menaçant, si on leur résistait, de mettre Rome au pillage. Sevère, ainsi maître du monde sans avoir tiré l'épée, entra au Sénat, promit ce qu'il favait intérieurement ne devoir jamais tenir, c'eft-à-dire, de ne jamais mettre à mort un Sénateur fans l'aveu de fa Compagnie, & de gouverner, d'après les principes du grand Marc-Aurèle : à ce prix, on le reconnut l'héritier légitime du Trône des Céfars.

Le nouveau Souverain fe propofant de régner par la terreur, forma de nouvelles cohortes Prétoriennes avec les plus braves foldats de fes légions d'Illyrie ; la plupart étaient des Pannoniens à demi barbares, faits pour épouvanter Rome par leur taille coloffale, leurs vifages hagards & leurs mœurs pleines de férocité.

Il ne s'agiffait plus, pour régner en paix fur le monde, que de vaincre Niger fon rival qui dominait en Orient ; mais au moment où il arrangeait le plan de fa campagne, il apprend qu'Albin commandant des légions Romaines dans la Grande-Bretagne, fe difpofait à prendre la pourpre : placé entre deux ennemis également dangereux, il plie sa fierté aux circonstances, décore Albin du titre de César, fait battre de la monnaie en son nom, le désigne Consul avec lui pour l'année suivante, & tranquille du côté de l'Occident, il va s'essayer avec le plus puissant de ses concurrens dans les plaines d'Antioche.

Pendant que Sevère marchait vers l'Asie, Niger, revenu de sa longue léthargie, entrait en Europe : il y eut trois batailles, une sous les murs de Perinthe, la seconde devant Cyzique, & la dernière dans les défilés qui avoisinent Nicée; par-tout Niger fut vaincu; &, à la fin, il fut obligé de s'enfuir au-delà du Taurus, une des branches du Caucase.

La dernière action qui fut décisive, se passa près d'Issus, lieu mémorable par la grande bataille qui s'était livrée plusieurs siècles auparavant entre Darius & Alexandre. Le succès fut le même : aux deux époques, l'Orient fut vaincu par l'Occident. Niger, après avoir vu vingt mille de ſes ſoldats paſſés au fil de l'épée, prit la fuite du côté de l'Euphrate ; mais des cavaliers envoyés à ſa pourſuite l'atteignirent ſur la rive du fleuve & lui coupèrent la tête.

Niger, malgré ſes fautes & ſes revers, laiſſa un grand nom : c'eſt lui qui, à peine revêtu de la pourpre, ſachant qu'un bel eſprit grec voulait compoſer ſon panégyrique, ſe le fit amener, & lui dit ces mots mémorables : *tu veux faire un panégyrique ; compoſe-nous celui de Marius, d'Annibal, ou de quelque grand homme cher à l'univers par ſa mémoire : tu mettras ſes belles actions ſous le point de vue le plus favorable, afin que nous puiſſions le prendre pour modèle ; mais c'eſt ſe jouer de la morale que de louer, de ſon vivant, un Prince de qui l'on a à eſpérer & à craindre, qui peut donner & ôter, enrichir & proſcrire : pour moi, je veux être aimé pendant ma vie, & loué après ma mort.*

Les regrets publics ſur le déſaſtre de Niger furent d'autant plus grands, que

Sevère abufa avec plus de férocité de fa victoire. Cet homme terrible exila la femme & les enfans de Niger, écrâfa d'impofitions odieufes les villes de fon obéiffance, & fit mettre à mort tous les Sénateurs qui avaient fervi dans fes armées.

Byzance, aujourd'hui Conftantinople, une des Métropoles de l'Empire de Niger, inftruite de tous ces traits de barbarie, garda une fidélité rare à la cendre d'un Prince qui ne pouvait plus la protéger : elle foutint un fiège de trois ans contre toutes les forces réunies de Sevère; enfin réduite à l'extrémité par la famine & la contagion, elle ouvrit fes portes. Le vainqueur forcené, fans égard au droit de la guerre, traita cette ville infortunée comme fi elle avait été prife d'affaut : il fit paffer au fil de l'épée tous fes Magiftrats & tous fes gens de guerre, confifqua les biens des habitans, la foumit elle-même à la petite ville de Perinthe, & rafa fes murailles.

La défaite de Niger mit au grand jour

tout le machiavélifme de Sevère : ce Prince n'avait affocié Albin à fon Trône que pour n'être pas preffé entre l'Orient & l'Occident. Quand il ne fe vit plus qu'un rival, il réfolut de s'en défaire ; il tenta d'abord la voie de l'affaffinat : des foldats fe chargèrent de lui porter une lettre pleine de proteftations d'amitié, de lui demander une audience fecrette, & de l'égorger dans fa tente. Cette lâche perfidie ne fut point couronnée du fuccès : Albin, qui fe défiait de l'ambaffade, fit mettre les foldats à la torture, & fur leur aveu, les envoya au fupplice.

A la première nouvelle de la rupture, Sevère éleva au rang de Céfar fon fils, âgé de huit ans, auquel il donna les noms vénérables de Marc - Aurèle, Antonin, mais qui n'eft connu de la poftérité que par le fobriquet de Caracalla (a) ; enfuite voulant empêcher Albin d'entrer dans

____

(a) C'eft le nom d'un habillement Gaulois que le jeune tyran portait de préférence.

Rome, il porta une partie de son armée dans les gorges des Alpes, & vint, avec le reste, à la rencontre de son rival : les deux Empereurs se rencontrèrent dans la plaine qui sépare Lyon de Trévoux. La bataille fut sanglante ; il y avait de part & d'autre cent cinquante mille hommes ; les deux Princes étaient à la tête de leurs soldats, & le prix de la victoire devait être le Trône du monde. Albin succomba ; il se sauva dans Lyon, qui fut pillée & presque toute entière mise en cendres ; quand il vit les soldats vainqueurs s'approcher d'une maison près du Rhône qu'il avoit choisie pour son asyle, il se fit percer de son épée par un de ses esclaves.

La victoire de Lyon acheva de développer le caractère atroce de Sevère ; il fit passer son cheval sur le cadavre d'Albin, & commanda ensuite qu'on le précipitât dans le Rhône avec la femme & les enfans de cet infortuné. On rechercha, par son ordre, les corps des Sénateurs qui avaient été tués au combat de Lyon ; & après les avoir livrés à divers outrages, on les laissa sans sépulture pour être la proie des vautours. Les prisonniers distingués par leur naissance, ou par leur dignité, furent ensuite envoyés tous indistinctement au supplice.

Nulle raison d'équité ne pouvait fléchir l'implacable Sevère. Un Gaulois d'une naissance illustre, traîné à son Tribunal, lui prouva qu'il avait été conduit, non par choix, mais par nécessité dans le parti d'Albin ; & après les représentations les plus touchantes, lui demanda ce qu'il ferait à sa place : *ce que je ferais*, lui répondit le tyran, *je souffrirais ce que tu vas souffrir*, & il fit tomber sa tête sur un échafaud.

Tant de barbarie fut couronnée par l'apothéose de l'infâme Commode, que le vainqueur d'Albin fit mettre au rang des dieux par son armée. Après la cérémonie, il entra en triomphe dans Rome, pour y achever d'assouvir ses froides & inutiles vengeances ; en effet, quarante & un

Sénateurs, accusés d'intelligence avec Albin, furent condamnés à mort & exécutés sans aucune forme de procès ; un grand nombre se trouvaient d'anciens Consulaires : la plus distinguée de ces victimes était Sulpicianus, le beau-père de Pertinax.

Caracalla & Géta, les deux fils de Sevère, étaient présens à l'espèce de conseil de guerre où furent dressées ces tables de proscription ; le premier, qui avait une ame de boue & de sang, était d'avis qu'on fît périr les enfans avec leurs pères. Géta en fut indigné : *celui qui s'enivre ainsi d'un sang innocent*, dit-il, *est capable de tuer un jour son frère*, & ce mot fut regardé, dans le temps, comme une prophétie.

Sevère avait la politique des Denys & des Tibère ; en se faisant le fléau de la noblesse, il sentit la nécessité de se faire un parti puissant dans les autres ordres de l'Etat ; il s'attacha donc à gagner la multitude par des spectacles, & les soldats par des largesses énormes, la permission qu'il leur donna de se marier, & le privilège de porter des anneaux d'or. On a regardé ce Prince comme le premier corrupteur de la discipline militaire; il ne prévoyait pas qu'en relâchant ses liens, il préparait à Rome & à ses souverains des désastres pareils à ceux qu'il avait punis dans les meurtriers de Pertinax.

Malgré tout ce machiavélisme, l'indignation publique perçait de toutes parts contre le vainqueur de Niger & d'Albin : ce Prince farouche craignit pour son Trône, & il résolut d'aller assouvir sa soif de sang humain contre les ennemis de la patrie. Son expédition contre les Parthes ne fut qu'une suite de triomphes. Dans la première campagne, il délivra Nisibe, assiégée par les Barbares, & dans l'autre, il s'empara de Babylone, de Seleucie & Ctésiphon. La prise de cette dernière ville lui valut de quoi fournir à tous les frais de la guerre : il y fit, d'ailleurs, cent mille prisonniers qu'on vendit en qualité d'esclaves.

C'eft à l'occafion de ces conquêtes que Sevère, pour affermir la puiffance impériale dans fa maifon, déclara Caracalla Augufte, & Géta Céfar ; le premier avait à peine onze ans : ainfi, ce n'était qu'un vain épouvantail qu'il offrait aux rebelles. Ses vrais titres, pour fonder une dynaftie de Céfars, était fa victoire fur Niger & fur Albin, la conftitution de Rome, qu'il avait rendue militaire, & fur-tout la terreur qu'il avait infpirée, en répandant à torrens le fang de la nobleffe.

Sevère, à fon retour fur les terres de la domination Romaine, voulut s'emparer d'Atra, une des plus fortes places de l'Orient, mais il y échoua ; les Arabes qui la défendaient, fiers d'avoir réfifté avec fuccès à Trajan, mirent à fe défendre une vigueur de courage qui laffa la patience Romaine. L'Empereur battit deux fois fes remparts avec fes machines, & deux fois il fut obligé d'en lever le fiège : le Sénat ne lui décerna pas moins les honneurs du triomphe ; mais il ne l'accepta point, parce qu'il était trop tourmenté de la goutte, pour soutenir la fatigue de passer une journée entière sur un char; il s'en dédommagea par un arc de triomphe qu'on lui érigea, & qui subsiste encore. Rome, qui a dénaturé les noms de quelques-uns de ses monumens, a respecté celui-ci: on le nomme toujours l'arc de Sevère.

Un évènement terrible qui arriva à cette époque convertit en deuil les fêtes du palais. Sevère avait un favori dans la personne de Plautien, son Préfet du Prétoire, favori insolent comme l'avait été le fameux Ministre de Tibère, qui exerçait, à l'ombre du pouvoir, les plus odieux brigandages : la terreur lui avait fait ériger plus de statues qu'à l'Empereur lui-même; son luxe était si effréné, qu'il avait fait faire cent eunuques de tout âge pour le service de sa fille. Nommé Consul par Sevère, & presque désigné son successeur à l'Empire, il avait vu couronner ce brillant édifice de fortune par le mariage de sa fille avec Caracalla, déjà Auguste.

Au moment où ce nouveau Séjan était à demi assis sur le Trône du monde, il éprouva la fin tragique du favori de Tibère. Caracalla déteftait Plautien ; il n'avait confenti que malgré lui à fon mariage avec fa fille , & dès le lendemain de fes noces , il avait refufé de l'admettre à fa table & à fon lit : fon caractère farouche étant encore aigri par la fierté de fon beau-père , il manœuvra fi heureufement dans le palais impérial , que Severe crut un moment que fon Préfet du Prétoire voulait attenter à fa vie. A l'inftant, le favori eft mandé : on arrête fon cortège à la barrière , & il eft introduit feul au cabinet de l'Empereur : Caracalla y attendait fa victime. Au moment où Plautien commençait fon apologie , fon indigne gendre lui arrache fon épée , le frappe de fa main , & ordonne à un foldat de la garde de l'égorger : fon corps fut jetté auffi-tôt par les fenêtres du palais; cependant Severe , qui confervait un refte de tendreffe pour un Miniftre qui n'était rien moins que

convaincu de la plus horrible des ingrati-
tudes, revenu à lui-même, lui fit décerner
les honneurs de la sépulture.

Le désastre de Plautien entraîna celui de
sa famille : Plautius son fils, & Plautille,
belle-fille de l'Empereur, furent relégués
dans l'île de Lipari, où ils vécurent dans
l'effroi & dans les horreurs de l'indigence,
jusqu'à ce que Caracalla, devenu seul
Souverain de Rome, les fît égorger.

On avait cru d'abord que Sevère n'avait
tant versé de sang illustre pendant la moitié
de son règne, que par les conseils de Plautien ; mais la mort du favori mit dans
tout son jour la férocité naturelle de ce
tyran. De simples épigrammes, un silence
d'improbation, lui parurent souvent des
attentats dignes de mort : on voyait qu'il
cherchait, par ses fureurs, à faire revivre
cet abominable Commode, dont il avait
eu l'indignité de commander l'apothéose.

Une des victimes les plus illustres de la
tyrannie de Sevère, fut un Consulaire
vénérable par ses titres & par ses cheveux

blancs, qu'on appellait Quintillus : on l'accufa de crime de lèze-majefté, & il fut condamné à mourir. Rien n'égale le ftoïcifme avec lequel cet homme vertueux entendit la lecture de fa fentence : il fe fit apporter les linceuls deftinés depuis long-temps à fa fépulture, & les trouvant hors d'état de fervir par vétufté : *eh quoi !* dit-il, *nous avons long-temps tardé.* Cependant, fur le point d'exhaler fon dernier foupir, il gâta une fi belle mort par fes imprécations contre l'odieux fuccefleur de Pertinax.

La cataftrophe d'Apronien, à caufe de fes fuites, parut plus terrible encore. Apronien était un Proconful d'Afie qu'un délateur déféra, comme coupable du même crime que Quintillus, fur le fondement d'un ancien rêve de fa nourrice, par lequel l'Empire était promis à l'enfant qu'elle allaiterait : il fut condamné quoique abfent & fans avoir été entendu dans fes défenfes, & il fubit fon arrêt de mort.

Cette tragédie fanglante ne fe dénoua pas par le fupplice d'Apronien : fa procédure ayant été apportée au Sénat, on y lut qu'un Sénateur chauve avait entendu parler de ce rêve criminel. Ce mot jetta la plus vive confternation dans toute la Compagnie : je ne pus m'empêcher, dit Dion, témoin oculaire, de porter la main à ma tête, pour m'affurer qu'elle était garnie de cheveux ; enfin les foupçons tombèrent fur Marcellinus, qui, fans autre inftruction, fut faifi & conduit à l'échafaud : là, il trouva fes quatre fils éplorés qui embrafsèrent fes genoux ; il les plaignit de vivre fous un règne qui dévorait les peuples, & fe tourna avec férénité vers l'exécuteur qui lui trancha la tête.

L'exécution des trois Sénateurs caufa affez de mouvemens dans Rome, pour que Sevère fe vît contraint de faire diverfion à la haine publique, en allant pacifier la Grande-Bretagne : il était alors fur le bord de fa tombe ; mais fon âge & fes infirmités difparurent devant l'idée d'aller ériger dans le Nord des trophées pareils à ceux qu'il avait érigés en Orient. Son expédition réuſſit à la manière des conquérans, c'eſt-à-dire, qu'il donna la loi aux Barbares, en ſacrifiant de ſon côté cinquante mille hommes.

Le moment de la vengeance céleſte approchait : Caracalla ſon fils, impatient de régner, oſa tenter un parricide. Sevère un jour marchait à cheval à la tête de ſon armée, & il y avait quelque diſtance entre lui & le premier rang de ſon avant-garde. Caracalla, agité de la furie qui l'obsède, s'approche & tire ſon épée pour frapper ſon père par derrière : un cri perçant que jette le cortège des deux Princes déconcerte le parricide ; alors le vieux Deſpote ſe retourne, voit l'épée nue preſque ſuſpendue ſur ſa tête, frémit ; mais eſt aſſez maître de lui-même pour concentrer ſon émotion au fond de ſon cœur. Rentré dans ſa tente, il ſe jette ſur ſon lit, & mande le parricide avec Caſtor ſon affranchi, & Papinien ſon Préfet du

Prétoire : *malheureux*, dit-il à son fils, *comment as-tu osé entreprendre un parricide sous les yeux des Barbares & d'une armée Romaine ? Si tu veux m'égorger, prens ce fer : cette solitude va te servir ; tu es dans la vigueur de l'âge, moi je suis un vieillard dont la tombe s'entr'ouvre, tu n'éprouveras aucune résistance ; ou si la honte retient ta main, ordonne à Papinien d'être mon bourreau ; il t'obéira, puisque tu es son Empereur.*

Le résultat de cette scène étrange fut que Sevère, qui était toujours faible quand il s'agissait d'être juste, pardonna, & que l'affreux Caracalla ne profita de son pardon que pour varier la forme de son parricide.

Suivant une tradition, Caracalla entreprit de corrompre les Médecins de son père, alors tourmenté par les accès d'une goutte cruelle, & il obtint de ceux à qui l'or était plus cher que la vie, d'accélérer une mort qui, quoique prochaine, tardait encore trop au gré de son impatience.

Suivant d'autres Hiftoriens, Sevère mourut de fa mort naturelle ; à mefure qu'il approchait de l'heure fatale, il paraiffait fentir le néant d'une grandeur qui lui échappait : *j'ai été tout*, s'écria-t-il, *& il ne m'en refte rien*. Un moment après, il fe fit apporter l'urne qui devait renfermer fa cendre, & il dit avec un foupir profond : *tu vas donc renfermer celui que le monde entier n'a pu contenir*. Cet homme farouche mourut à Yorck, âgé de près de foixante-fix ans, dont il en avait régné environ dix-huit ; il avait du génie pour la guerre, & une politique éclairée en adminiftration, quand l'intérêt public n'était pas en contradiction avec fon machiavélifme. A fa mort, Rome avait dans fes magafins du bled pour fept ans : tous ces traits brillans mis en regard avec la plus odieufe férocité, ont fait appliquer à ce Prince un mot célèbre, déjà dit fur Augufte, *qu'il ne devait jamais naître, & qu'une fois né il ne devait jamais mourir*.

Caracalla & Géta, tous deux déjà

nommés Auguftes du vivant de Sevère, lui fuccédèrent : tous les titres d'honneur attachés à la dignité impériale leur reftèrent communs, à l'exception de celui de grand Pontife, que Caracalla, en qualité d'aîné, fe réferva. Les deux frères vécurent quelques jours dans une concorde feinte, grace à l'éloquence pathétique de l'Impératrice Julie leur mère ; ils s'embrafsèrent en préfence de toute la Cour ; mais c'était le baifer perfide d'Etéocle & de Polynice, il fervait de prélude à des affaffinats.

Le rôle que jouait l'hypocrifie des deux Empereurs ne put fe maintenir long temps : leur divifion éclata plus que jamais à leur retour en Italie. Pendant la route, ils ne mangèrent point à la même table ; & comme ils connaiffaient tous deux à quel excès pouvait fe porter leur coupable antipathie, ils fe prémunirent contre le poifon qu'on pouvait mêler dans leurs alimens ou dans leur breuvage. Arrivés à Rome, ils ne craignirent pas de donner leur haine en spectacle à tous les ordres de l'Etat; ils partagèrent le palais Impérial, qui égalait par son enceinte une ville de province, & se fortifièrent chacun de leur côté par des corps-de-garde & des barricades.

Comme les affaires de l'Etat ne pouvaient que souffrir de ces coupables dissentions, on proposa aux deux frères de partager l'Empire : ce plan de conciliation sourit d'abord à leur politique. Caracalla se réservait la capitale avec l'Europe, & l'Afrique & l'Asie devenait l'appanage de Géta, qui aurait établi sa résidence à Alexandrie ou à Antioche. La Propontide dans cet arrangement, se trouvait la barrière naturelle des deux Monarchies; mais le Sénat ne goûta point ce plan. Jaloux de conserver la grandeur Romaine dans toute son intégrité, il représenta combien la postérité des Scipions & des Emile serait révoltée, de cette division de la République en Empire d'Orient & en Empire d'Occident. L'Impératrice Julie acheva de décider le Conseil d'Etat qui se tint à ce sujet, par un mot pathétique de tendresse maternelle: *mes fils*, dit-elle, *vous partagez les terres & les mers ; mais moi, qui vous ai portés dans mon sein, & qui vous porte encore dans mon cœur, comment me partagerez-vous ? Voulez-vous donc m'ôter la vie, & conserver chacun la moitié de mon cadavre ?* Tout le monde parut attendri; on se sépara sans rien conclure, & le projet échoua.

L'idée de régner ensemble semblait encore plus incompatible avec le caractère des deux frères, que celle de se partager le monde ; alors ils virent qu'il ne leur restait plus d'autre expédient que de s'assassiner. Ce fut Caracalla, le plus féroce des deux, qui eut le malheur de réussir dans son fratricide; il donna rendez-vous à Géta dans l'appartement de l'Impératrice, sous le prétexte sacré d'une réconciliation. L'infortuné s'y rendit, persuadé que la présence d'une mère était la plus sûre des sauve-gardes ; mais à peine touchait-il le seuil de la porte, que des Centurions cachés en embuscade, fondirent sur lui le poignard à la main : au milieu du tumulte, la porte s'ouvre, & Géta s'élance vers Julie , qui le reçoit dans ses bras. L'abominable Caracalla encourage les Centurions à ne point respecter le plus sacré des asyles , & se mêlant avec ces assassins , il enfonce lui-même son épée dans le cœur de son frère. L'Impératrice fut blessée à la main en défendant son fils , & on la menaça elle-même de la mort, si elle ne dévorait ses larmes : le nouveau Néron couronna tant de scélératesse , en consacrant comme un trophée son épée sanglante , dans un temple d'Alexandrie.

Les Prétoriens avaient prêté serment de fidélité aux deux fils de Sevère, & ils pouvaient punir l'un d'avoir trempé ses mains parricides dans le sang de l'autre. Caracalla les trompa, en leur disant que son frère avait attenté à sa vie; & lorsque l'affreux mystère commençait à percer, il rendit son mensonge vraisemblable à leur cupidité, en leur donnant par tête une largeſſe de dix mille ſeſterces.

Il entra enſuite au Sénat armé d'une cuiraſſe ſur ſa toge & eſcorté de ſes gardes, qui ſe rangèrent ſur deux files le long des ſièges des Sénateurs; là il rappella, par un édit ſolemnel, tous les exilés; & ſur ce trait de clémence, on feignit de le croire juſtifié de ſon fratricide.

L'orage paſſé, Caracalla crut pouvoir s'abandonner ſans danger à toute ſa férocité; il pourſuivit, avec le dernier acharnement, tout ce que Géta pendant ſa vie avait aimé: Sénateurs, gardes, affranchis, eſclaves, comédiens, athlètes, tout fut mis à mort, juſqu'aux femmes & aux enfans au berceau. Dion fait monter le nombre de ces victimes à vingt mille: on brûlait d'abord tous ces cadavres ſans pompe funèbre, enſuite on les abandonna dans la campagne de Rome pour être la pâture des vautours.

Parmi les perſonnages illuſtres dont l'aſſaſſinat de Géta entraîna le ſupplice,

Rome & le monde regrettèrent fur-tout Papinien, le plus grand Jurifconfulte de fon fiècle, & revêtu alors de l'importante place de Préfet du Prétoire. Caracalla, qui connaiffait fon éloquence, le preffa de lui compofer une apologie du meurtre de fon frère : *il eft plus aifé,* répondit le Philofophe, *de commettre un parricide, que de le juftifier.* Le tyran diffimula pour le moment ; mais peu après il fouleva quelques Prétoriens qui vinrent lui demander fa mort. Caracalla n'attendait que ce fignal, & il fit tomber fous la hâche la tête de ce grand homme.

Le meurtre de Papinien amena dans Rome un carnage pareil à celui des profcriptions des Sylla & des Marius : le tyran avait déjà fait mettre à mort l'affranchi Evode, qui avait été fon inftituteur, & ceux des Médecins de Sevère qu'il n'avait pu corrompre afin de l'empoifonner. Il acheva d'inonder de fang la maifon Impériale. Une fœur de Commode, d'un âge très-avancé, fut exécutée pour avoir pleuré avec Julie la mort de Géta : il fit assassiner ensuite Pompeïen, fils du gendre de Marc-Aurèle. Sevère, son cousin germain, ne fut point épargné ; le monstre lui envoya un jour, en signe d'amitié, un plat de sa table, & le lendemain il ordonna à sa garde d'aller le poignarder.

Le fils de l'Empereur Pertinax, ancien Consulaire, dut sa perte à un bon mot : on récitait avec emphase, dans le Sénat, la liste pompeuse des surnoms que se donnait Caracalla ; on l'appellait le *Sarmatique, le Parthique :* on oublie *le Gétique,* dit Pertinax, qui prenait occasion de quelques avantages remportés sur les Gètes, pour faire une allusion ingénieuse au meurtre de Géta. Cette plaisanterie lui coûta la tête.

La frénésie barbare de Caracalla alla si loin, qu'on crut sa raison altérée, & qu'on lui donna le nom de second Caligula : nul service n'adoucissait ses fureurs ; dans une maladie considérable dont il fût atteint, tous ceux qui l'avaient soigné eurent la mort pour récompenfe. Comme il avait un grand nombre de Locuftes à fes gages, il fit un tel amas de poifons dans le palais Impérial, qu'au rapport de Macrin, qui lui fuccéda au Trône, on en trouva, après fa mort, pour près de quatre millions.

A cette incroyable férocité, l'abominable fils de Sevère joignait les mœurs les plus dépravées : le Palais Impérial était pour le nouveau Tibère une île de Caprée, où il infulta la nature, jufqu'à ce qu'elle l'en punît par la dégradation de fes organes ; il voulut déshonorer une Veftale, &, pour la punir de fa réfiftance, il la fit enterrer vive avec deux de fes compagnes ; une quatrième n'évita l'affreux fupplice auquel elle était deftinée, qu'en fe précipitant fur le pavé, du toit d'un édifice.

Enfin ce fléau du monde expia par une mort tragique, fes longs attentats. Après une expédition en Germanie, où il eut la lâcheté d'acheter la paix des Barbares qu'il était venu foumettre : après une campagne non moins indécente en Orient, où il ne donna des loix à l'Arménie & à l'Osrhoëne que grace à ses perfidies, il était venu punir Alexandrie de quelques mots hardis prononcés à ses spectacles, en faisant passer toute sa jeunesse au fil de l'épée. Ce carnage souleva jusqu'à ses gardes, obligés de l'exécuter. Macrin était alors Préfet du Prétoire, à portée de recueillir les murmures des soldats; d'ailleurs, menacé lui-même sans cesse de la mort par le tyran, il se détermina à venger Rome & le monde, pour se dérober au supplice.

Ce fut le Centurion Martialis, dont Caracalla venait de faire mourir le frère, qui se chargea de l'exécution du complot. L'indigne fils de Sevère était alors à Edesse, & se proposait de venir à Carres offrir un sacrifice dans le temple de la Lune ; sur la route, il eut un besoin qui l'obligea de descendre de cheval. Martialis saisit ce moment, & lui adressa au cœur un coup de poignard, qui le fit tomber mort sur la place; il avait régné un peu plus de six ans, & il n'en avait vécu que vingt-neuf.

C'est à ce Prince, tout digne qu'il était de la haine de ses contemporains & de celle de la postérité, que l'Empire entier dut l'avantage de jouir du droit de bourgeoisie Romaine : c'est vraiment de cette époque que Rome eut le droit de se nommer la patrie commune de l'univers.

Macrin, qui succéda à Caracalla, était un soldat de fortune, Maure d'origine, & né dans la poussière; il était loin de s'attendre à revêtir un jour la pourpre des Césars : il fut entraîné par la chaîne des évènemens (comme il arrive d'ordinaire dans les Etats absolus) à succéder au tyran qu'il assassinait. Il avait eu la politique de laisser croire aux soldats qui aimaient le fils de Sevère, à cause de ses largesses insensées, que Martialis, en le poignardant, n'avait fait que venger ses injures personnelles : ainsi, on le vit avec plaisir pleurer sur le corps de ce Prince,

& recueillir avec refpect fes cendres dans une urne, pour les envoyer à l'Impératrice Julie, qui était alors à Antioche. Pendant cet intervalle, le Roi des Parthes approchait avec une armée puiffante ; & les légions voyant le monde Romain fans Chef, proclamèrent Empereur l'homme dont ils étaient le plus habitués au commandement. Les intrigues fourdes de Macrin avaient contribué, autant que ce hafard heureux, à cette étrange nomination ; le jour où cet affaffin de Caracalla fut élu, il prit les noms de Sevère & de Pertinax, deftinés à mafquer l'obfcurité de fon origine ; & en faifant part au Sénat de fa proclamation, il l'engagea à déférer le titre de Géfar à fon fils Diadumène.

Tout cet édifice de grandeur était bâti fur le fable ; Macrin n'avait pas affez de génie pour fonder une nouvelle dynaftie des Céfars : il ne devait point voir la capitale de ce vafte Empire, que fes mains inhabiles commençaient à régir, & il périt d'une manière déplorable, avant que ses peuples sussent s'il imiterait Caracalla ou Marc-Aurèle.

Il commença par prouver à Rome qu'il n'était pas digne d'occuper son Trône, en se laissant battre deux fois par les Parthes, & en achetant d'Artabane leur Roi une paix ignominieuse, au prix de deux cents millions de sesterces.

On peut lui reprocher encore la faiblesse qu'il eut d'accorder, aux instances de ses soldats, l'apothéose de l'abominable Caracalla qu'il avait assassiné.

D'ailleurs, il se conduisit avec sagesse dans l'administration intérieure, faisant respecter les loix dans les Tribunaux, punissant les délateurs, & entourant des rayons de la liberté les Citoyens, qui, sous le règne précédent, avaient toujours vu la hâche du despotisme suspendue sur leurs têtes.

Il y avait un peu plus d'un an que Macrin jouissait, malgré le ciel irrité, du Trône du monde, que lui avait donné fon poignard, quand il fe trama en Orient un complot pour remettre l'Empire dans la famille de Sevère : je veux parler de la révolution qui donna la Monarchie des Céfars à Heliogabale.

L'Impératrice Julie avait une fœur nommée Mœfa, qui, mariée à Avitus, perfonnage Confulaire, lui avait donné deux filles, Soëmis & Mammée. L'aînée de ces Princeffes fut mère d'Alexandre, que nous ne tarderons pas à voir rendre tout fon luftre à la pourpre des Céfars ; l'autre eut de fes amours adultères avec Caracalla un fils appellé Baffien , mais plus connu dans l'hiftoire fous le nom d'Heliogabale (a). Ce dernier, à l'âge de treize ans, vint à Emèfe avec Mœfa fon aïeule ; & comme il avait la beauté de l'Apollon du Belvedere, une légion qui

---

(a) Les Syriens donnaient au dieu de la lumière le nom d'El-Agabal, & le jeune Baffien en conferva le nom, parce qu'il en eut quelque temps le facerdoce.

campait dans ces quartiers, le regardant comme un dieu tutélaire, le reçut dans son camp avec acclamation, & le proclama Empereur. Macrin envoya Julianus, son Préfet du Prétoire, avec des troupes pour la réduire, & celles-ci, malgré leur Commandant, se rangèrent du côté de l'ennemi qu'elles venaient combattre. Le faible Empereur apprit cette défection par la plus sanglante des railleries : un soldat parut à la porte du camp, tenant un paquet entouré de plusieurs linges, & scellé du sceau de Julianus; il s'annonçait comme apportant la tête d'Heliogabale. Pendant qu'on développait le paquet, le soldat s'enfuit, & Macrin reconnut la tête de son Préfet du Prétoire. Plein d'effroi à la vue de ce monument de sa disgrace, il alla se cacher dans les remparts d'Antioche.

Il se livra, peu de jours après, une grande bataille entre les deux concurrens, où, grace à la valeur de Mœsa & de Soëmis, qui, nouvelles Amazones, ramenèrent plusieurs fois les fuyards au combat, Heliogabale resta vainqueur. Macrin n'avait pas attendu la fin de la mêlée pour prendre la fuite; il fut tué en Cappadoce avec Diadumène son fils, enfant de dix ans, & sa tête fut portée à son vainqueur : il avait régné quatorze mois, & le bonheur qu'il eut de gouverner le monde entre deux monstres fit que, malgré son usurpation & sa faiblesse, il en fut regretté.

Il semblait qu'un enfant de quatorze ans, Syrien d'origine, bâtard d'un tyran, & qui ne devait son élévation qu'au meurtre d'un Empereur nommé par les peuples, devait tâcher, à son avènement, de se concilier Rome par sa modestie & ses bienfaits. Mais il fut loin d'adopter une si sage politique; il commença par s'arroger, sans l'agrément du Sénat, les titres de la toute-puissance; il envoya ensuite abattre sans motif, dans Rome & dans les provinces, les têtes des personnages les plus illustres. L'histoire nomme en particulier Meffala & Baffus, deux Sénateurs diftingués, qui furent déférés comme mécontens du Gouvernement, & fur cette accufation vague envoyés au fupplice.

Un meurtre abominable acheva de dévoiler le caractère du bâtard de Caracalla; il tua de fa propre main, à Nicomédie, Gannys, l'inftituteur de fon enfance, fon premier Miniftre, & le Général qui l'avait fait vaincre à Antioche : fon crime était, d'avoir voulu l'éloigner de la fange des voluptés, pour lui apprendre l'art pénible & dangereux de gouverner les hommes.

Heliogabale acheva d'indifpofer la nation, en entrant dans Rome revêtu en Prêtre du Soleil, & fur-tout en faifant entrer Mœfa au Sénat, en l'autorifant à donner fon fuffrage, comme membre de la Compagnie, & en mettant fon nom à la tête d'un Sénatufconfulte. Ce trait eft unique dans les annales Romaines.

Heliogabale n'avait point d'héritier de son Trône ; dans l'espace de quatre ans, il prit successivement quatre femmes pour en jouir & pour les répudier. Le plus étrange de ces mariages fut celui qu'il contracta avec une Vestale du nom de Sévera ; il alla lui-même l'arracher par force du sanctuaire de Vesta, & osa écrire à cette occasion au Sénat, que *d'un Prêtre du Soleil & d'une Prêtresse, il ne pouvait naître que des demi-dieux.*

L'histoire cherche en vain, dans la vie de ce jeune monstre, quelques traits louables ; elle n'y trouve que les crimes ou les extravagances du pouvoir arbitraire : on ne peut se faire une idée du luxe insensé qu'il affichait dans le palais. Ses lits & ses tables étaient d'argent ou d'or massif ; il faisait contribuer les trois parties du monde connu à la dépense de ses festins, & jamais il ne donna de souper qui coutât moins de cent mille sesterces.

Tout ce qu'il aimait avait part à ses

absurdes prodigalités ; il nourrissait ses chiens de foies d'oies , & faisait distribuer des perroquets & des faisans aux lions de sa ménagerie.

Dès l'âge le plus tendre, Heliogabale avait annoncé son goût pour le luxe effréné des Apicius ; & quand Mœsa son aïeule lui représentait qu'il commençait la ruine de sa maison : *je n'ai d'autre plan , répondait-il, que d'être moi-même mon héritier.*

Le luxe de la table d'Heliogabale passait jusqu'à ses habits ; il portait des tuniques d'étoffes d'or d'un poids si considérable, qu'il se plaignait lui-même de succomber sous le fardeau de sa magnificence ; ses brodequins étaient ornés de pierres précieuses, gravées par les plus grands artistes, il faisait sabler de poudre d'or & d'argent les portiques par où il devait passer, & prodiguait les pierreries jusques sur ses voitures. Voilà à quoi servaient les dépouilles des nations asservies par les Scipion & les Emile , à assouvir la cupidité des Prétoriens qui affaſſinèrent Pertinax , & à payer les caprices inſenſés des Néron, des Commode & des Heliogabale.

On juge, par ce tableau, de l'adminiſtration intérieure des affaires ſous le bâtard de Caracalla; il donna au farceur Eutychien l'épée de Préfet du Prétoire ; il fit ſes affranchis Gouverneurs de province ; des cochers, des danſeurs devinrent les premiers perſonnages de l'Empire : alors la vertu s'exila elle-même de Rome, & alla reſpirer un air moins cadavéreux ſur les frontières de l'ancienne République.

Il manquerait un dernier coup de pinceau au portrait d'Heliogabale, ſi l'Hiſtoire, toute circonſpecte qu'elle eſt, ne tirait pas un coin du rideau, ſur l'infamie de ſes mœurs. Ce Sardanapale de Rome ſe maria comme femme à un eſclave conducteur de chars, nommé Hiéroclès, qu'il voulut faire Céſar. Un autre ganymède, fils d'un cuiſinier, ayant voulu époufer en fecondes noces l'abominable Empereur, fon rival le fit eunuque, & le bannit de l'Italie.

Heliogabale, après avoir perverti la jeuneffe des deux fexes qui était à fa Cour, voulut pervertir auffi Alexandre fon coufin, qu'il venait de nommer Céfar, & ce nouveau crime amena fa perte. Les Prétoriens s'indignèrent de voir l'héritier préfomptif du Trône proftituer fa majefté à des danfes lafcives, où on le forçait de préfider ; & leurs murmures éclatèrent à un point, qu'Heliogabale qui craignit dans le Prince un rival, tenta de le faire périr par le fer ou par le poifon. La vigilance de Mammée, mère d'Alexandre, ayant fait avorter tous fes deffeins, il envoya tout d'un coup l'ordre au Sénat entier, qui aimait le jeune Céfar, de fortir de Rome. Ce dernier abus du pouvoir arbitraire caufa la révolution ; les Prétoriens fe foulevèrent tout à fait, refufèrent de monter la garde, & demandèrent à grands cris qu'on leur amenât Alexandre. Heliogabale céda; il prit le jeune Prince dans son char, tout brillant d'or & de pierreries, & vint au camp chercher la mort. A la vue des épées qui étincelaient de toutes parts, le tyran, lâche comme tous ses pareils, s'enfuit dans le plus honteux des asyles, & les factieux l'y égorgèrent avec sa mère, qui le tenait étroitement embrassé.

Heliogabale avait pressenti sa fin tragique ; aussi avait-il fait provision de cordons de soie pour s'étrangler, de poignards à lames d'or pour se percer le sein, & de vases de grand prix pour y renfermer le poison qui devait terminer ses jours ; il avait porté la précaution jusqu'à faire construire une tour d'où il devait se précipiter, & dont le pied était pavé de pierres précieuses. Tant de dépenses insensées aboutirent à être massacré dans des latrines.

Heliogabale périt à dix-huit ans après une tyrannie de trois ans neuf mois. Avec lui furent maſſacrés Hiéroclès, ſon abominable épouſe, les Séjans qui le gouvernaient, ſes courtiſanes & ſes ganymèdes.

Beau règne d'Alexandre jetté au milieu d'un grand nombre de règnes désastreux (a).

LE règne d'Alexandre parmi tous ces règnes faibles ou tyranniques, nous rappelle les charmantes îles Borromées dont parle Montesquieu, que le voyageur est si étonné de rencontrer au travers des sites effrayans de l'Appennin. Alexandre, tout jeune qu'il était, annonça que son plan était de gouverner dans les principes de Marc Aurèle : sa première démarche fut un hommage rendu aux loix. Heliogabale, sur la simple proclamation des soldats, s'était attribué tous les titres de la puissance Impériale : le nouveau Souverain voulut les tenir du Sénat seul, représentant de la nation, & ce Corps

______

(a) Nos garants sont encore Dion, Lampride & Hérodien.

augufte les lui déféra à l'inftant. Alexandre les accepta tous, à l'exception de celui d'Antonin, dont il voulait fe rendre digne avant de le porter ; peut-être auffi qu'il regardait ce nom vénérable comme flétri à jamais, puifqu'il avait été porté par un Heliogabale.

Alexandre jugeant bien que le règne d'un Souverain de quatorze ans ferait regardé par les peuples comme une minorité, crut digne de fon cœur de ramener la confiance, en fe foumettant à un confeil de régence compofé de feize des Sénateurs les plus illuftres. Le choix en fut fait par Mammée fa mère, Princeffe d'une expérience confommée, & qui, contre l'ufage des Souveraines de fon fexe, ne cherchait dans la domination que l'amour des grandes chofes. Un Confeil d'Etat, qui ne reconnaiffait aucunes bornes dans le pouvoir, n'en mit aucune dans l'exercice de fa bienfaifance ; il rompit toutes les chaînes de l'oppreffion publique ; des impôts onéreux furent anéantis ; les places, fouillées par d'indignes fujets, furent rendues à des patriotes : on donna en particulier l'épée de Préfet du Prétoire, & la tutelle d'Alexandre à Ulpien, un des hommes de fon fiècle qui connaiffait le mieux les loix, & fur-tout l'efprit des loix. Rome vit alors renaître le miniftère philofophique d'un nouveau Sénèque, & ce Sénèque ne vit point de Néron détruire fon ouvrage.

Alexandre était né le plus populaire des hommes : fon palais était ouvert indiftinctement à tout le monde ; il allait **aux** bains publics fans cortège , & ne fe diftinguant que par une cafaque de pourpre ; & quand on lui repréfentait que c'était le moyen d'avilir l'autorité, il répondait que c'était celui de la rendre facrée pour fa perfonne , & fur tout plus durable. Avec le fafte du defpotifme , le jeune Monarque faifait difparaître le defpotifme même ; jamais le Plébeyen ne fe crut plus l'égal des Céfars que fous ce beau règne. Alexandre affemblait le peuple fréquemment ; il

le haranguait & le confultait fur la légiflation, comme s'il n'eût été qu'un Tribun
ou un Conful des premiers temps de la
République.

Contre l'ufage de tous fes prédéceffeurs
depuis Marc - Aurèle, Alexandre ne fit
mourir perfonne fans une procédure ré-
gulière ; & quand les délits ne blefsèrent
que la majefté de fon Trône, il oublia
d'ordinaire que c'étaient des délits. L'hiftoire de Camille eft, à cet égard, un trait
de générofité philofophique digne de Socrate. Camille, defcendant du fameux
dictateur qui vainquit Brennus, avait
conjuré pour s'affeoir au Trône des Céfars.
Alexandre, après la procédure, mande ce
factieux, & au lieu de lui reprocher fa
trahifon, il le remercie de ce qu'il veut
l'aider à porter un fardeau qui l'accable ;
enfuite il le mene au Sénat, le rêvet de
la pourpre, & le charge d'une expédition
contre les Barbares. Camille, qui n'avait
rien de ce qui conftitue ni un guerrier, ni
un homme d'Etat, fe laffa bientôt de la fa-

tigue du commandement, & craignant le dénouement de ce que la Cour regardait comme une comédie, il alla s'ensevelir dans une de ses maisons de plaisance. Voilà toute la vengeance qu'Alexandre tira d'un complot où on avait attenté à son Trône & à sa vie : ce ne fut qu'un grand nombre d'années après, qu'un autre Empereur, qui craignit le grand nom que Camille portait, ressuscita sa procédure oubliée, & l'envoya au supplice.

Alexandre avait des amis, tout Souverain qu'il était, & il était digne d'en avoir ; sa bienfaisance allait sans cesse au-devant de leurs desirs ; il donnait des dots à leurs filles, il sollicitait pour eux les Magistratures ; quand il savait qu'un d'eux languissait dans une indigence honorable, il allait le trouver : *mon ami, lui disait-il, pourquoi ne me demandes-tu rien ? si tu crains les largesses de César, reçois du moins les bienfaits d'Alexandre.*

Alexandre, en se montrant un père de famille pour ses peuples, n'oubliait pas qu'il était Souverain; quand il fallait faire parler la loi, il le faisait avec énergie; il avait trouvé dans le palais, à son avènement, une foule de baladins, d'eunuques, de gladiateurs, ainsi que les courtisanes & les ganymèdes qui avaient corrompu la jeunesse d'Heliogabale; il purgea Rome de cette vile engeance, reléguant les uns dans des îles désertes, & faisant précipiter les plus coupables dans la mer.

La réforme passa du Palais au Sénat, & dans l'Ordre des Chevaliers; l'Empereur, la verge de la censure à la main, chassa tous les membres de ces deux Corps, qui étaient flétris dans l'opinion publique. Aucun coupable ne fut épargné, ses parens mêmes ne purent se mettre à couvert de sa vertueuse indignation : *la République, disait-il, m'est plus chère que ma famille.*

Tous les Citoyens élevés en dignité, qui, à l'ombre du pouvoir dont ils étaient revêtus, exerçaient loin de lui d'odieux brigandages, étaient sur-tout l'objet de son courroux; c'étaient des victimes qu'il

ne manquait jamais de facrifier à fes peuples ; il prit même une précaution bien
extraordinaire, pour éloigner de fes yeux
ces tyrans pourfuivis par la haine publique; ainfi que dans les myftères d'Eleufis,
l'Hyerophante faifait éloigner des autels
les affaffins, les adultères & les parricides,
un hérault annonçait à l'audience d'A-
lexandre que tout concuffionnaire évitât
fa préfence, de peur que, convaincu de
fes attentats, il ne les payât de fa tête.

Alexandre s'occupa auffi à réprimer,
dans le palais Impérial, ceux de fes Officiers qui fe faifaient payer, foit des fervices que leur crédit fur leur Prince les
mettait à portée de rendre, foit même
de ceux qu'ils ne rendaient pas ; il appellait ces hommes vils, qui faifaient trafic
des graces, des *vendeurs de fumée*. Un
nommé Turinus, à force d'hypocrifie,
s'était infinué dans les bonnes graces de
l'Empereur, & il en abufait pour vendre
de fa fumée ; dans les caufes majeures, il
était dans l'ufage de recevoir de l'argent

des deux parties , & on ne recevait dans
l'Empire ni Gouvernement, ni Magis-
trature qu'on ne lui payât un tribut.
Alexandre, instruit de cet infâme manège,
fit un grand exemple ; le coupable , par
son ordre, fut attaché dans la place publique à un poteau , au pied duquel on
amassa beaucoup de bois verd auquel on
mit le feu. Turinus périt étouffé ; & pendant son supplice, un hérault criait devant
la multitude : *celui qui a vendu de la fumée,*
est puni par la fumée.

On regrette de voir quelques taches
dans ce beau règne ; la principale est la
molle condescendance du Prince pour les
Prétoriens. Cette milice insolente se sou-
levait sans cesse , & le faible Alexandre
ne trouvait d'autre voie pour l'appaiser,
que de répandre l'or de l'Etat dans son
sein. Ulpien , son Préfet, voulut y rétablir l'ordre & la discipline , & ce grand
homme paya son zèle patriotique de sa
tête ; deux fois les Prétoriens voulurent
le poignarder, & deux fois Alexandre ne

lui fauva la vie, qu'en fe mettant entre lui & fes affaffins, & en le couvrant de fa pourpre. A la fin, un dernier orage s'éleva; les foldats, enhardis par l'impunité, pourfuivirent dans le palais ce Miniftre refpectable, & le maffacrèrent fous les yeux de l'Empereur & de fa mère, qui, après avoir fait de vains efforts pour le défendre, n'osèrent le venger.

Alexandre, obfédé de l'image terrible de fon ami affaffiné devant lui, fans que la majefté des loix, ni la vertu de l'infortuné, pût le défendre, chercha à fe diftraire en allant pacifier l'Orient. Le fameux Empire des Arfacides, après quatre cents foixante & quinze ans de durée, venait de s'éteindre, & l'Artaxerxe, qui avait rendu aux Perfes la Monarchie de la haute Afie, que les Parthes leur avaient enlevée, ravageait les poffeffions Romaines, lorfque l'Empereur, à la tête de fes légions, vint oppofer une barrière à fes conquêtes. Il y eut une grande bataille entre les deux Souverains; l'armée des Perfes, composée , suivant l'exagérateur Lampride , de sept cents éléphans, de mille chars armés de faulx , & de cent vingt mille hommes de cavalerie , fut entièrement défaite, & le vainqueur recouvra la Mésopotamie.

Quelques mouvemens des Barbares sur le Rhin & sur le Danube empêchèrent le héros de Rome de poursuivre ses avantages ; il alla triompher dans sa capitale , & se rendit ensuite en Occident : il comptait y trouver la gloire , il n'y rencontra que la mort. Le féroce Maximin profitant du mécontentement des troupes que le jeune Empereur voulait discipliner, conspira contre lui , & lui ôta la couronne & la vie : cet horrible attentat se passa auprès de Mayence. Alexandre , après le dîner le plus frugal , faisait sa méridienne, & plusieurs de ses gardes étaient endormis dans leur poste : les conjurés forcèrent sa tente , & le massacrèrent avec sa mère. L'infortuné entrait dans sa vingt-septième année , & il en avait régné treize. Tout

ce qui, dans l'Empire, n'était ni vil ni
méchant, le regretta, & Rome chercha
à tromper sa douleur, en lui décernant
avec un enthousiasme dont il n'y avait
point eu d'exemple depuis Marc-Aurèle,
les honneurs de l'apothéose.

RÉVOLUTIONS DU TRONE, ET MALHEURS DE L'EMPIRE, PENDANT LE DEMI-SIÈCLE QUI S'ÉCOULE ENTRE LA MORT D'ALEXANDRE ET L'AVENEMENT DE DIOCLÉTIEN (a).

LE grand vuide que l'aſſaſſinat d'Alexandre laiſſa parmi les héros dont Rome s'honorait, ſe fit ſentir par un demi-ſiècle de deſpotiſme, ou d'inertie, de la part du Trône des Céſars. Pendant ce long intervalle, on compta environ cinquante Princes (dont la plupart des règnes ſont croiſés) qui furent Empereurs, ou du

---

(a) Nous avons, pour ces temps malheureux, une foule d'Hiſtoriens : mais quels Hiſtoriens ! Comment peut-on les nommer, après un Polybe, un Tacite & un Tite-Live ? C'eſt Capitolin, Eutrope, Hérodien, Aurélius Victor, Zozime, Zonare, Vopiſcus, Trebellius, George le Syncelle, & Ammien Marcellin.

moins qui en prirent le nom ; & dans cette foule de tigres ou d'automates couronnés, à peine se trouvent-ils deux hommes tels que Tacite & Probus, qui rappellent de loin les règnes fortunés des Titus & des Marc-Aurèle. Nous nous consolerons de cette disette d'évènemens mémorables, en circonscrivant de plus en plus le tableau des annales Romaines, & en ne donnant à ce tableau peu piquant que la plus légère des bordures.

Maximin, issu des Goths & des Alains, & Barbare ainsi de père & de mère, était une espèce de géant de huit pieds de haut, qui avait la vigueur des Milon & des Hercule; il mangeait, dit-on, quarante livres de viande dans son repas, & buvait une amphore de vin, qu'on évalue à vingt-huit de nos bouteilles : on lui attribue tous les défauts des sauvages, leur dédain superbe du reste des hommes, leur insouciance & leur brutalité, mais non ces vertus aimables qui font oublier en eux l'infraction de toutes les conve-

nances fociales, telles que la franchife &
la générofité. Il fut foldat de fortune jufques fous Caracalla, qui l'éleva au grade
de Centurion. Alexandre lui donna le
commandement d'une légion, & la reconnaiffance pour un pareil fervice, fut de
faire égorger fon bienfaiteur pour régner
à fa place.

Les premiers actes de ce règne répondirent à des aufpices auffi finiftres. Maximin éloigna de fa perfonne tous les amis
de fon prédéceffeur, caffa les Officiers
qui compofaient fa maifon, & à l'occafion
d'une confpiration vraie ou fauffe qui
éclata contre lui, envoya quatre mille
hommes à l'échafaud. Les fupplices de
tous ces infortunés furent variés fuivant
l'ufage des Cambyfe & des Phalaris ; on
expofa les uns aux bêtes, d'autres furent
enfermés dans le ventre de quadrupèdes
fraîchement tués ; un grand nombre fut
mis en croix : les plus diftingués en naiffance & en dignité furent les premières
victimes du defpotifme : Maximin, qui

déteſtait tout ce qui était grand dans l'Empire , ſemblait , nouveau Spartacus , ne vouloir régner que ſur des eſclaves.

Le ſang des conſpirateurs était ſans ceſſe le germe de nouvelles conſpirations. Après diverſes inſurrections , toutes ſans ſuccès , l'Afrique revêtit de la pourpre Gordien, ſon Proconſul, vieillard vénérable d'une naiſſance illuſtre, qui deſcendait , par ſon père , des Gracques, & par ſa mère , de Trajan , & lui aſſocia ſon fils, ancien Gouverneur de Rome , & Membre du fameux Conſeil d'Etat d'Alexandre. Le père , âgé de quatre-vingts ans, après avoir refuſé quelque temps la puiſſance ſuprême , l'accepta enfin comme une décoration propre à orner le marbre de ſa tombe , & il entraîna ſon fils pour être à-la-fois l'appui de ſon Trône & de ſa vieilleſſe.

Dès que cette grande nouvelle fut parvenue à Rome , le Sénat s'empreſſa à déclarer Maximin ennemi public. Le peuple abattit ſes ſtatues , déchira ſes images, effaça son nom de tous les monumens, & le feu de l'incendie gagnant à-la-fois toutes les provinces, le monde presqu'entier, avant la promulgation du Sénatusconsulte, reconnut les deux Gordiens.

Malheureusement le vieux Gordien manqua de politique à son avènement, & son erreur servit à prolonger la tyrannie : il y avait en Numidie un Gouverneur nommé Capélien, que Maximin avait placé, & qui, soit comme homme de guerre, soit comme homme d'Etat, faisait ombrage au nouvel Empereur ; il fut destitué & se vengea. A la tête de quelques troupes destinées à garantir sa province de l'invasion des Barbares, il vint assiéger Carthage, la prit & après l'avoir inondée de sang, l'abandonna au pillage : le jeune Gordien fut tué sur le champ de bataille, & son père, de désespoir, s'étrangla avec sa ceinture. Le règne de ces deux Princes, qui ne fut pour eux & pour Rome qu'un beau songe, fut borné à un espace de six semaines.

Le Sénat apprit le défaftre des deux Gordiens, & au lieu de céder à fa deftinée, il ne fongea qu'à la venger; il créa à-la-fois deux Empereurs, l'un deftiné à combattre le féroce Maximin, & l'autre chargé de veiller fur Rome inquiète & ouverte à toutes les révolutions; fon choix tomba fur deux illuftres Confulaires, Maxime & Balbin, l'un de la vertu la plus févère, & l'autre de mœurs plus qu'indulgentes: on les regardait comme le Caton & le Céfar de leur fiècle, comme s'il pouvait y avoir encore des héros Romains, dans cette Rome dégradée par le luxe & affaiffée par la tyrannie! Les deux nouveaux Empereurs furent obligés, par le peuple, de nommer Céfar un enfant de douze ans, du beau nom de Gordien; & ce n'eft qu'à ce prix qu'on leur permit d'annoncer qu'ils allaient gouverner dans les principes de Marc-Aurèle.

Cependant Maximin, la rage dans le cœur & l'imprécation dans la bouche, entrait dans l'Italie, dont il voulait faire le théatre de ſes vengeances : mais pendant qu'il faiſait le ſiège de Ravenne, les Prétoriens de ſa garde, qu'il avait aigris par ſa hauteur, le maſſacrèrent dans ſa tente avec ſon fils, ſon Préfet du Prétoire & ſes amis ; la tête du tyran fut envoyée aux Empereurs nommés par le Sénat, & ſon cadavre abandonné aux vautours.

Les Prétoriens qui avaient aſſaſſiné Maximin, de retour à Rome, voulurent parler en maîtres à des Empereurs qu'ils n'avaient point faits : ceux-ci n'avaient que deux partis à prendre, ou de les caſſer comme avait fait Sevère, ou d'acheter leur protection comme avait fait Julien ; ils n'osèrent ni faire un coup d'Etat, ni ſe déshonorer, & ils en furent les victimes. Cette milice inſolente força le palais, en arracha deux Princes également vénérables par la majeſté du rang ſuprême, par leurs cheveux blancs & par leur vertu ; & après les avoir traînés dans les rues de Rome en les accablant d'outrages comme s'ils étaient de vils eſclaves, les maſſacra. Les ſcélérats

qui avaient amené cette révolution, s'affu-
rèrent l'impunité, en proclamant Augufte
le jeune Gordien.

Cet Empereur, de treize ans, qui n'avait
ni le génie ni l'ame d'Alexandre, ne pouvait s'affermir fur le Trône des Céfars,
ébranlé par tant de fecouffes ; cependant
il fe foutint quelque temps , grace au
choix qu'il fit du fage Myfithée pour fon
beau-père & pour fon premier Miniftre :
c'eft fous les aufpices de ce grand homme
qu'il éventa dans fa capitale des complots
contre fa perfonne, & que, fe mettant en
Orient à la tête de fes légions , il repouffa
le redoutable Sapor au-delà de l'Euphrate,
reconquit fur lui la Méfopotamie, &
menaça d'enfevelir la Monarchie naiffante
des Perfes dans les ruines de la ville royale
de Ctéfiphon.

Myfithée mourut trop tôt pour la gloire
de Rome & de fon jeune Souverain : on
croit qu'il fut empoifonné par Philippe,
qui lui fuccéda dans l'importante place
de Préfet du Prétoire. Philippe, origi-

naire de l'Arabie, & fils d'un chef de brigands, était un soldat de fortune comme Macrin & Maximin. Parvenu à force d'intrigues au poste brillant de Mysithée, son ambition ne le regarda bientôt que comme un échelon pour monter au Trône des Césars; il eut l'adresse perfide d'amener la disette dans l'armée, en écartant les navires qui portaient les vivres, & quand les murmures des soldats furent à un certain degré d'activité, il fit répandre, par ses émissaires, que l'inexpérience du jeune Empereur était la cause de ce fléau : les légions entendirent ce langage; elles revêtirent Philippe de la pourpre, & elles ordonnèrent (c'est l'expression de l'Historien original) que cet heureux scélérat serait associé à Gordien.

Philippe, apprivoisé depuis long-temps avec l'idée des grands crimes, sentant d'ailleurs qu'un retour de tendresse des soldats pour un Prince, l'idole de sa nation, pouvait détruire en un instant tout son machiavélisme, ne s'arrêta pas au milieu de sa sanglante carrière ; il fit empoisonner Gordien, qui avait à peine vingt ans, & pour voiler son attentat, non content d'honorer sa cendre d'un Cenotaphe, il lui fit décerner les honneurs de l'apothéose.

Philippe jouit cinq ans du fruit de sa scélératesse ; son règne n'est connu que par deux évènemens, par la défaite de quelques Barbares des monts Krapak qui dévastaient les bords du Danube, & par la célébration des Jeux Séculaires, destinés à consacrer la millième année de la fondation de Rome, suivant l'ère du Capitole.

Enfin la vengeance céleste poursuivit l'abominable meurtrier de Gordien ; il avait envoyé Dèce, le plus expérimenté de ses hommes de guerre, pour châtier quelques légions de la Mœsie qui s'étaient révoltées ; l'armée rebelle, & celle qui était destinée à la réduire, s'unirent ensemble, & proclamèrent Auguste ce Con-

fulaire, dont les talens mafquaient l'obfcurité de l'origine. Il y eut une grande
bataille non loin des murs de Vérone,
où les deux rivaux fe difputèrent le fceptre
du monde. Philippe y fut tué d'une manière trop glorieufe pour un tyran, & fon
fils, qui avait moins démérité de la patrie,
fut maffacré quelques jours après dans
Rome par les Prétoriens.

Dèce paffa les deux ans de fon règne
à combattre les Goths, à perfécuter les
Chrétiens, & à éventer les complots fans
ceffe renaiffans contre fa perfonne; il ne
fe défia pas affez de Gallus, une efpèce
de Catilina, qui, par fon génie deftruc-
teur & fon audace, s'était acquis un grand
crédit dans fon armée, & fa fécurité lui
coûta la vie. Gallus complota avec les
Barbares, & fit entrer les légions Romaines dans un défilé fangeux, où elles
furent exterminées. Dèce & fon fils périrent tous deux fur le champ de bataille,
&, fuivant l'ufage des Gouvernemens
abfolus, le fcélérat qui, en trahiffant

la patrie, avait caufé la mort de fon Sou-verain, lui fuccéda.

Gallus, pour s'affermir fur le Trône qu'il avait ufurpé, nomma Augufte le jeune Hoftilien, fils du jeune Prince qu'il avait fait périr; & quand il eut couronné fa victime, il la fit empoifonner. Rome, pendant les vingt-deux mois de fon règne, vit fes frontières dévaftées par les Goths, à qui cependant le tyran avait vendu l'honneur de l'Empire en s'en rendant tributaire : c'eft auffi à cette époque que commença une fameufe pefte de douze ans, qui fit d'affreux ravages en Europe; le Gouverneur, fans nerf & fans pré-voyance, ne fut ni prévenir le mal, ni en chercher le remède.

Pendant que Gallus, infenfible aux malheurs de fes peuples, s'endormait dans Rome au fein des voluptés, Emilien, Maure d'origine, mais décoré deux fois du Confulat, battait les Goths fur les rives du Danube; & pour prix de fes ex-ploits, fe faifait décerner en Occident la poutpre des Céfars : il n'y eut point de guerre civile, parce que Gallus fut égorgé par fes propres foldats en allant défendre fon Trône.

C'eft un problême hiftorique de favoir s'il faut mettre, au rang des fucceffeurs légitimes des Céfars, cet Emilien, Empereur de quatre mois, qui, déclaré ennemi public par le Sénat, pendant la vie de Gallus, ne fut reconnu que quand l'affaffinat du tyran fembla légitimer fes prétentions à la toute-puiffance. Quoi qu'il en foit, ce fantôme de Souverain fut obligé, à fon avènement, de combattre Valerien, un des Lieutenans de Gallus ; & avant que les deux armées fuffent en préfence, les foldats de la République, qui avaient plus d'eftime pour le Général ennemi que pour leur Empereur, maffacrèrent ce dernier. Valerien fe trouva le maître du monde fans avoir tiré l'épée, & même fans avoir vu le camp du rival qu'il venait détrôner.

Valerien, Confulaire de la naiffance la

plus illuftre, & vieilli avec honneur dans les commandemens & dans les Magiftratures, avait été jugé digne de la première place tant qu'il ne l'avait pas occupée, & quand on l'y éleva, il fe montra peu fait pour elle; il avait de la probité fans caractère & de l'amour pour le bien, fans le talent d'en faire aux peuples qu'il avait à gouverner. Pendant les fept ans que dura fon règne, l'Empire, en proie intérieurement aux horreurs de la contagion, fut infefté par les Barbares tout le long de fes frontières. Les Lieutenans du Prince réuffirent à délivrer l'Afie mineure de l'invafion d'une nuée de Scythes qui fortaient des bords du Phafe; mais ayant voulu combattre lui-même Sapor, qui venait de piller Antioche, il fut défait par ce héros des Perfes. Décidé enfuite à acheter à prix d'or la paix de fon vainqueur, il eut l'imprudence de s'expofer à une entrevue, où il fut fait prifonnier avec tout fon cortege. Cet évènement déplorable couvrit d'opprobre le nom Romain ; il rappella la captivité de Regulus dans Carthage : mais fi les Perfes eurent la barbarie des Carthaginois, Rome ne retrouva pas dans Valerien un héros tel que Regulus.

Sapor ofa traîner par-tout à fa fuite le malheureux Prince couvert de la pourpre impériale, & chargé de chaînes; quand ce vainqueur fuperbe montait à cheval, il fallait que l'infortuné fe courbât jufqu'en terre, & que fon dos lui fervît d'appui. Sefoftris n'avait pas traité avec un orgueil plus infultant les Rois de l'Orient, ennemis nés de fon Trône, qu'il avait vaincus avec gloire fur un champ de bataille.

Il y eut dans cet évènement défaftreux une circonftance plus odieufe encore, c'eft que Gallien, fils de ce malheureux Empereur, refta tranquillement affis pendant huit ans fur le Trône des Céfars, fans fonger à rompre fes indignes fers. Enfin, après neuf ans de captivité, Valerien mourut, & Sapor l'ayant fait écorcher, fit suspendre dans un temple sa peau, teinte en rouge, comme un monument de l'ignominie Romaine ; & quand il recevait des Ambassadeurs de l'Empire, il leur montrait d'abord cet abominable trophée, afin de leur apprendre à ne pas mettre dans leur langage l'antique fierté des Scipion & des Paul-Emile.

Gallien était Auguste depuis sept ans, quand il se vit, par l'esclavage de son père, seul maître de Rome & du monde. A son indifférence parricide, il joignit un luxe insolent & des mœurs dépravées, qui firent craindre à ses peuples le règne d'un nouvel Héliogabale ; il bâtissait des appartemens avec des feuilles de roses, & élevait des forts qui n'avaient que des corbeilles de fruits pour murailles : d'ailleurs, il était sans cesse entouré d'histrions, de courtisanes & d'eunuques ; la souveraine de son serrail était la fille d'un Roi des Marcomans, qu'il avait achetée de son père en lui cédant une province.

Cette vie débordée conduisait Gallien

à une apathie singulière quand il s'agissait d'administration ; la disette, les tremble-mens de terre, une peste qui enlevait dans Rome jusqu'à cinq mille personnes par jour, rien ne pouvait arracher quelque cri de douleur de ses entrailles cadavé-reuses. Quand on lui annonça la révolte de l'Egypte : *eh bien, dit-il, est-ce que nous ne pouvons pas subsister sans le lin qui croît sur les bords du Nil ?* A la nouvelle de la défection des Gaules, il ajouta en riant : *Rome ne sera pas ruinée, parce qu'elle perdra les étoffes de la fabrique d'Arras.* Le bouleversement de l'univers ne l'aurait pas ému, pourvu que ses ruines respectassent le palais de roses où il était couché entre ses concubines & ses gany-mèdes.

Il ne manquait à tant d'horreurs que la férocité, & Gallien fut aussi féroce que les Domitien, les Commode & les Néron ; il fit brûler, dans un de ses triomphes, des bouffons qui, par une allusion hardie à son insensibilité sur le

défaitre de Valerien , cherchaient parmi
un grouppe de prétendus Perſes , enchaînés
à ſon char , s'ils ne trouveraient pas le
père de l'Empereur ; il n'appaiſait les ſé-
ditions qu'en faiſant maſſacrer à-la-fois
juſqu'à quatre mille hommes. Rien n'égale
en ce genre d'atrocités , une lettre qu'il
écrivit à un de ſes Lieutenans après la
défaite du rebelle Ingenuus , & que l'hiſtoire nous a conſervée : *tu ne rempliras pas
mon attente , ſi tu ne fais mourir que ceux
qui ſeront trouvés les armes à la main ; il
faudrait maſſacrer tous les mâles , ſi on
pouvait frapper les enfans & les vieillards
ſans encourir la haine publique : je t'ordonne
ſur-tout de livrer au ſupplice quiconque a
mal parlé de moi ; déchire , mets en pièces ,
extermine ; prens mon ame enfin , & tremble
d'enfreindre mes ordres ſupérieurs qui te
parviendront écrits de ma main.*

Une tyrannie auſſi effrénée agiſſant ſur les
peuples , on ſe doute bien que l'indignation des peuples réagit ſur le tyran : on
compte , pendant les huit ans que dura ce

règne affreux, trente insurrections ména-
gées par des mécontens qui se disaient les
vengeurs du monde, & que le peu de succès
de leurs entreprises a fait nommer des tyrans. Il y eut de ces faux Césars tels que Marius, qui ne gardèrent la pourpre que
deux jours ; d'autres, tels que Celsus,
restèrent Empereurs sept jours. Ordinai-
rement ces Princes, quand ils n'étaient
pas assassinés par leurs propres soldats,
étaient vaincus & tués par l'ordre des
Généraux de Gallien, qui se faisaient
proclamer Augustes après leur victoire,
pour être ensuite vaincus & tués à leur
tour.

Il faut distinguer, parmi ces trente pré-
tendans à la couronne des Césars, Pos-
thume, un des plus fameux guerriers de
son temps, & qui fut le boulevard de
l'Empire, du côté de l'Occident. Il vainquit les Francs & les Germains, se soutint, quoiqu'avec désavantage, dans la
guerre civile, & régna sept ans dans les
Gaules ; il aurait survécu à Gallien, s'il

n'avait eu le courage de refuſer à ſon armée le pillage de Mayence : ſes ſoldats ſe ſoulevèrent ; & quand il voulut remettre l'ordre dans ſon camp, il fut tué.

On a eu tort de compter parmi les trente tyrans Odenat, Prince de Palmyre, & l'époux de la célèbre Zenobie, puiſqu'il fut nommé Auguſte par Gallien lui-même. Ce héros de l'Orient avait mérité des Romains en battant Sapor, en lui enlevant la Méſopotamie, & en le faiſant trembler deux fois dans ſa ville royale de Ctéſiphon. Le tyran de Rome, qui avait beſoin de ſon épée contre cette foule de nouveaux Céſars, qui ſappaient de tout côté ſon Trône, le révêtit lui-même de la pourpre : c'eſt la ſeule bonne action que l'hiſtoire trouve à louer dans le règne de Gallien.

Ce Gallien, que la valeur d'Odenat défendait avec un égal ſuccès contre les ennemis de l'Etat & contre ceux de ſon Trône, ſuccomba enfin quand il perdit ſon appui ; la mort tragique du Prince de Palmyre ſembla amener celle du tyran qui lui avait fait partager ſa couronne. Claude, qui venait de battre les Goths, s'aſſocia avec Héraclien, le Préfet du Prétoire, & Marcien, le compagnon de ſes exploits, pour délivrer la patrie d'un monſtre qui peſait ſur elle. Les Triumvirs réuſſirent dans leur complot, & Gallien s'étant rendu devant Milan pour y aſſiéger un rebelle, fut aſſaſſiné devant ſes murailles. Le Sénat pourſuivit avec fureur la mémoire de ſon tyran ; mais Claude qui lui ſuccéda, voulant cacher la part qu'il avait à ſa mort tragique, lui décerna les honneurs de l'apothéoſe.

Claude II paſſait pour le bâtard de l'un des Gordiens. Sans s'arrêter aux fables contradictoires qu'ont publiées ſes adulateurs & ſes envieux ſur ſa généalogie, on peut le mettre du nombre des Princes dont le mérite a fait la nobleſſe. Son avènement au Trône, par le meurtre de ſon prédéceſſeur, eſt à-peu-près la ſeule tache qu'on puiſſe reprocher à ſa mémoire; d'ailleurs, il fut juſte, magnanime, ennemi du ſang, protecteur des loix: il ne lui manqua que d'être philoſophe, & de régner long-temps pour donner au monde un ſecond Marc-Aurèle.

L'Empire, à l'avènement de Claude, ſe trouvait déchiré de toutes parts: Zenobie faiſait la conquête de l'Egypte, le rebelle Tetricus dominait en Occident; les Goths, avec une armée de trois cents vingt mille combattans, infeſtaient les provinces intermédiaires. Le Prince ne balança pas dans le choix des ennemis qu'il voulait d'abord attaquer: *la guerre de Tetricus*, dit-il, *eſt la mienne, ainſi que celle de Zenobie; mais celle des Barbares eſt la guerre de l'Etat.* Il alla donc à la rencontre des Goths, les trouva à Nyſſa dans la Servie, & leur livra un combat mémorable, où cinquante mille d'entr'eux furent paſſés au fil de l'épée ſur le champ de bataille.

Pour comble de déſaſtres, une contagion née fans doute de l'air méphitique qu'exhalaient tant de cadavres reftés fans fépulture, acheva la ruine des Goths. Le même fléau, après avoir anéanti les vaincus, vint défoler les vainqueurs; Claude en fut attaqué des premiers, & il mourut fur fes trophées à l'âge de cinquante-fix ans & au commencement de la troifième année de fon règne; non contente de faire fon apothéofe, Rome lui érigea, en reconnaiffance de fes bienfaits, une ftatue d'or de dix pieds de haut en face du temple de Jupiter au Capitole.

La mort de Claude & celle de Quintillus fon frère, qui, après s'être revêtu de la pourpre pendant dix-fept jours, fut obligé de fe faire ouvrir les veines, frayèrent la route du Trône des Céfars à Aurélien, foldat de fortune, qui commandait alors les légions d'Illyrie. Cet Aurélien était l'homme le plus brave de fon fiècle; accoutumé, fuivant les mœurs antiques, à ne fignaler cette bravoure que contre

les ennemis de l'Etat, on prétend que
dans une seule action, il avait tué de sa
main quarante-huit Sarmates; d'ailleurs,
grand observateur de la discipline, il se
proposait de rappeller les temps héroïques
des Caton & des Fabius; &, trompé par
sa grande ame, il le crut jusqu'au moment
où ses Officiers l'assassinèrent.

Aurélien passa la première année de
son règne à combattre les Marcomans, les
Juthonges & les Vandales; il battit trois
fois cette confédération de Barbares, &
l'obligèa d'abandonner l'Italie.

On regrette que ce héros terrible ait
déshonoréses victoires, en faisant mettre
à mort dans Rome plusieurs Sénateurs
illustres soupçonnés, mais non convaincus,
d'avoir voulu revêtir la pourpre des Césars.
Il chercha ensuite à regagner la bienveillance nationale, en agrandissant l'enceinte
de Rome, & sur-tout en relevant ses remparts. Cette capitale du monde depuis
cinq cents ans, époque de la guerre d'Annibal, n'avait point eu besoin de se dé-

fendre contre les étrangers : les invafions perpétuelles des Barbares en Italie lui ouvrirent les yeux fur le danger de fon infouciance ; & au défaut de héros qu'elle n'avait plus dans fon fein , elle fongea à fe défendre avec des murailles.

La guerre avec Zenobie , la Semiramis de l'Orient , fuivit de près ces foins particuliers d'adminiftration intérieure. Cette fameufe Reine de Palmyre , abufant du nom d'Augufte que Gallien avait donné à Odenat fon époux , prenait le titre d'Impératrice d'Orient , s'emparait de l'Egypte & de l'Afie mineure , & fe promettait de dicter fes loix au Capitole. Aurélien vint lui-même en Syrie pour mettre une barrière à fes conquêtes ; il la vainquit deux fois près d'Antioche & fous les murs d'Emèfe, & termina fa campagne glorieufe par le fiège de Palmyre.

Avant de battre la place avec fes machines de guerre , le conquérant écrivit à Zenobie pour l'engager à fe rendre à difcrétion ; l'héroïne lui répondit : *ce que tu* demandes ne s'exige pas par lettres, mais à la pointe de l'épée ; tu veux que je me rende à toi, comme si tu ignorais que Cléopatre, à ma place, a eu le courage de préférer la mort à la servitude ! Je suis assiégée, mais non au désespoir ; vois la Perse & l'Arménie qui s'apprêtent à me défendre : quand tu te verras en présence de ces puissances formidables, tu quitteras cette hauteur avec laquelle tu me commandes de me soumettre, comme si Palmyre & tous mes Etats étaient sous ta puissance.

Le succès ne répondit pas à tant de fierté : cette héroïne voyant la famine dans sa capitale, monta sur un chameau léger à la course, & prit la route de l'Euphrate pour aller demander un asyle à la Perse. Un détachement de cavalerie envoyé à sa poursuite, l'atteignit sur les bords du fleuve, & l'amena à Aurélien. Ce Prince conserva la vie à sa captive, ainsi qu'à Vaballath, un de ses fils ; mais tous ses Ministres & ses favoris furent envoyés au supplice.

Parmi ces victimes du droit féroce de la guerre, la postérité regrette sur-tout Longin, l'auteur du fameux traité du sublime; l'Empereur ne lui pardonna pas d'avoir composé la lettre audacieuse que sa Souveraine lui écrivit, à l'ouverture du siège de Palmyre, & ce qui aurait engagé un Alexandre ou un Trajan à le mettre au rang de leurs amis, lui coûta la vie, auprès d'un vainqueur aussi ombrageux qu'Aurélien.

Palmyre, à la nouvelle de la captivité de Zenobie, avait ouvert ses portes au conquérant; mais à peine celui-ci entrait-il en Europe, qu'elle révêtit de la pourpre un parent de sa Souveraine, & secoua le joug que Rome lui avait imposé. Aurélien revient sur ses pas, se fait ouvrir les portes de la place, y verse le sang à grands flots, sans épargner les vieillards, les enfans & les femmes, & l'abandonne au pillage. Cette ville célèbre ne se releva de son désastre que sous l'Empire de Justinien.

Il ne restait plus pour pacifier le monde

Romain, que de réduire Tetricus; celui-ci se rendit sans combattre, & sa soumission entraîna celle des Gaulois, des Espagnols & des Insulaires de la Grande-Bretagne.

Le triomphe d'Aurélien rappella par sa magnificence ceux des Lucullus & des Pompée; on y voyait, à la honte du Sénat, Tetricus revêtu de la pourpre impériale, Zenobie marchait ensuite si chargée de pierreries, qu'elle succombait sous leur poids; les chaînes d'or qu'on lui avait données étaient soutenues par ses gardes. Le vainqueur suivait ses captifs sur son char, & il avait pour cortège son armée & les deux premiers Ordres de l'Etat : c'est dans cet appareil que le triomphateur monta au Capitole.

Aurélien, contre l'attente générale, n'abusa pas de sa gloire; il donna à la Reine de Palmyre une maison de plaisance à Tibur, pour y passer ses jours dans le sein de l'aisance & de la paix. Pour Tetricus, il lui rendit la dignité Sénatoriale, & lui donna une espèce de

Proconfulat non loin de Rome, en lui difant qu'il valait encore mieux gouverner un canton fortuné de l'Italie, que de régner fur les montagnes fauvages des Gaules.

Aurélien, qui s'était propofé Trajan pour modèle, mais qui ne lui reffemblait que par le génie belliqueux, voulut, à l'exemple de ce grand homme, porter la gloire de fes armes dans cette partie de l'Afie, qui eft baignée d'un côté par l'Indus, & de l'autre par l'Euphrate; une confpiration qui fe trama contre lui, ne lui permit pas de remplir fes grands deffeins. Ce Prince avait menacé Mnefthée, un de fes fecrétaires, de le punir de fes rapines; celui-ci, qui favait que le conquérant terrible ne menaçait jamais en vain, imagina une trame horrible pour le prévenir; il contrefit l'écriture d'Aurélien, dreffa une lifte prétendue des principaux Officiers de fon armée qu'il devait envoyer au fupplice, & alla la montrer à ceux qu'elle femblait intéreffer. Perfonne ne foupçonna la fourberie de Mnefthée. A l'inftant on arrange un complot ; on épie le moment où l'Empereur doit fortir de fa tente peu accompagné ; on l'environne, & on le fait tomber percé de plufieurs coups de poignard.

Aurélien, quand il périt, était dans la Thrace, & n'avait régné que cinq ans : l'hiftoire doit le mettre au rang des grands Généraux d'armée plutôt que des bons Empereurs. L'armée, au milieu de laquelle il avait été tué, le vengea ; elle fit expofer Mnefthée aux bêtes, & maffacra une partie de fes complices.

La mort tragique d'Aurélien donna lieu à un évènement unique dans l'hiftoire des Céfars, c'eft-à-dire, à un combat généreux de déférence entre le Sénat & l'armée pour l'élection d'un Empereur. Ce combat dura fix mois, & l'Etat ne fut pas plus troublé que dans les interrègnes Confulaires, à l'époque des beaux temps de la République.

Enfin le Sénat céda, & nomma Empereur Tacite, vieillard vénérable, le plus ancien des Consulaires, qui se faisait gloire de descendre de l'immortel Auteur des annales; il refusa long-temps, faisant entendre qu'une tête plus que septuagénaire n'avait pas assez d'énergie pour imprimer le mouvement à une machine aussi compliquée que le gouvernement du monde Romain; mais à la fin, les instances de la Compagnie vainquirent sa modestie. Rome s'assembla au champ de Mars, & son Préfet notifia l'élection en ces termes, qui méritent d'être conservés, parce qu'ils consacrent le gouvernement militaire introduit dans l'Empire, après l'extinction de la dynastie des Césars : *soldats, & vous citoyens, vous avez un Empereur que le Sénat vous a choisi avec le suffrage des deux armées; c'est le vénérable Tacite, qui, ayant jusqu'ici servi la République par ses conseils, va la gouverner par ses ordonnances.*

Le règne de Tacite fut celui du Sénat; la Compagnie reprit, comme du temps des Fabius & des Curion, l'exercice de la toute-puissance; elle devint l'arbitre de la paix & de la guerre, reçut les ambassades, conclut les traités d'alliance, & nomma à tous les Gouvernemens: on peut juger de son pouvoir par la hardiesse avec laquelle elle refusa de déférer le Consulat à Florien, frère de Tacite, quoique ce Prince l'eût brigué lui-même. L'Empereur ne fut point offensé de ce refus: *le Sénat*, dit-il, *connaît bien qui il à mis à la tête de la République.*

Tacite employa les six mois de son règne à se faire regretter; il dressa plusieurs loix somptuaires, & pour donner lui-même l'exemple de cette simplicité de mœurs, qui avait fait des Romains, sous les Fabricius & les Cincinnatus, le premier peuple de l'univers, il ne s'habilla que comme les anciens Consulaires, conserva la table la plus frugale, fit abattre sa maison pour construire, sur le terrein, des bains publics, & abandonna à la République son patrimoine, dont le revenu feul, s'il en fallait croire le crédule Vopifcus, aurait monté à près de trente-cinq millions.

Tacite éleva auffi à la mémoire des Céfars, un temple, où on ne plaça que les ftatues des bons Princes qui avaient mérité leur apothéofe. Ce nombre était très-petit, grace au pouvoir abfolu, & un bouffon du temps difait avec raifon qu'on pouvait les graver tous fur la pierre d'une bague.

A cette époque, une nuée de Scythes fortie des environs des Palus-Méotides ravageait l'Afie mineure : on perfuada à Tacite d'aller les foumettre ; & ce Prince, malgré les glaces de l'âge, mit tant d'activité dans fon expédition, que les Barbares abandonnèrent les frontières de l'Empire. Il revenait triomphant en Europe, lorfque l'imprudence qu'il eut de faire Gouverneur de Syrie Maximin, un de fes parens, le plus féroce des hommes, coûta la vie au protégé & au protecteur. Les conjurés qui avaient maffacré Maximin, craignant d'être envoyés au supplice, allèrent assassiner Tacite : cet horrible attentat se passa, suivant les uns, à Tarse en Cilicie, & suivant les autres, à Tyane en Cappadoce.

Florien, frère du Prince assassiné, & actuellement Préfet du Prétoire, se fit revêtir de la pourpre par quelques légions campées auprès du Bosphore ; mais l'armée d'Orient reconnut Probus, son Général, que son défaut de naissance n'avait pas empêché de devenir un des plus grands Capitaines de son siècle. La guerre civile s'alluma ; mais l'incendie dont le monde était menacé se borna à quelques étincelles ; l'armée de Florien mit elle-même dans la balance le génie des deux rivaux, & reconnaissant l'infériorité de l'Empereur qu'elle avait fait, elle l'assassina pour terminer la querelle. Florien avait joui deux mois de son fantôme de grandeur cependant l'histoire doit le mettre au rang des Césars, parce qu'il se fit reconnaître dans sa capitale.

Probus, vainqueur sans avoir tiré l'épée, n'abusa point de sa fortune ; il ne voulut prendre le titre d'Auguste qu'après la confirmation du Sénat , & signala son avènement en punissant les assassins de Tacite. L'histoire observe qu'il fit éclater sa modération jusques dans cet acte mémorable d'équité ; & que, d'après les grands principes de Titus & de Marc-Aurèle, il n'ajouta point à la mort la rigueur des supplices.

Le règne de Probus, qui fut de six ans entiers, n'offre que le tableau d'un grand nombre de guerres, que le peu de génie de ses Historiens a réussi à rendre peu mémorables. Que penser, par exemple, des trois victoires que ce héros remporta sur les Francs, les Bourguignons & les Vandales, quand Zosime, à qui nous en devons le récit, prétend que dans une occasion où les légions Romaines étaient pressées de la disette, le bled leur tomba avec l'eau du sein des nuages ? Cette merveille absurde n'est-elle pas faite pour rendre suspectes, jusqu'aux victoires de Probus dans les Gaules?

Heureusement Vopiscus vient dissiper nos doutes, en assurant que le héros de Rome, dans le cours de son expédition, reprit aux Barbares soixante & dix villes, leur tua près de quatre cents mille hommes, & força neuf de leurs Rois à venir se jetter à ses pieds pour en obtenir la paix.

Après ces exploits, Probus vint pacifier la Thrace & l'Illyrie, passa dans l'Asie mineure pour réduire les Isaures, subjugua les Blemmyes, ces prétendus hommes sans tête des Pline & des Zosime, & força le Roi des Perses, malgré sa fierté, à lui demander la paix. Le plus grand bien qui résulta pour Rome de ses exploits, fut l'établissement d'une colonie de cent mille Bastarnes dans la Thrace, pour la protéger contre les invasions des Barbares, & la permission de planter des vignobles, accordée par ce Prince à la Pannonie & aux peuples de la Gaule & de la Grande-Bretagne.

Pendant que Probus relevait par ses trophées la gloire des armes Romaines, un grand nombre de factieux cherchait à le dépouiller de la pourpre dont sa valeur le rendait digne. L'histoire nomme quatre de ces tyrans, un Maure d'origine, du nom de Saturnin, le Ligurien Proculus, un Bonosus, né en Espagne, & un Anonyme qui commandait dans la Grande-Bretagne; le premier, pris dans la forteresse d'Apamée, fut tué par les soldats qui l'assiégeaient, contre l'intention de l'Empereur. Proculus fut livré à son Souverain par les Francs, à qui il était venu demander un asyle; Bonosus vaincu & fugitif, fut obligé de se pendre dans Cologne; pour le Commandant sans nom de la Grande-Bretagne, un Officier de l'armée de Probus vint le voir sous le titre de transfuge, & l'assassina.

Ce grand homme, après avoir établi le calme dans l'Empire, préparait une nouvelle invasion dans la Perse pour venger la captivité de Valerien, lorsqu'un mot imprudent qui lui échappa amena sa mort : il était auprès de Sirmium, occupé à faire deſſécher des marécages par ſes légions. Irrité des murmures des ſoldats, il laiſſa entendre qu'un temps viendrait où Rome n'aurait beſoin d'autres défenſeurs que de ſes citoyens : l'armée entendit ce langage & ſe révolta. Probus voulut s'enfuir dans une tour garnie de fer, qu'il avait fait conſtruire pour lui ſervir d'obſervatoire ; mais les chefs des factieux l'atteignirent avant qu'il pût gagner cet aſyle, & le maſſacrèrent. Ce héros n'avait que cinquante ans, & il ſemblait promettre, par la force de ſa conſtitution, encore un demi-ſiècle de proſpérité à l'Empire. Sa poſtérité s'enſevelit dans une obſcurité volontaire, pour que des Deſpotes petits & jaloux ne lui fiſſent pas un crime d'être née d'un Empereur qui avait été un grand homme.

Carus qui, à la mort de Probus, ſe trouvait Préfet du Prétoire, fut élu Empereur par ſes aſſaſſins. Ce Prince, qui ne régna que seize mois, ne présente pas une physionomie assez décidée à l'histoire, pour qu'elle le range parmi les Commode ou parmi les Trajan ; il n'est connu que par deux expéditions assez brillantes, l'une contre les Sarmates, & l'autre contre les Perses ; dans la dernière, il prit Seleucie & Ctésiphon, & reconquit la Mésopotamie ; il était sur le point de détrôner le Roi de Perse, quand il essuya le sort tragique de Romulus : Aper, son Préfet du Prétoire, l'assassina au milieu d'un orage, fit brûler sa tente par ses complices, & répandit le bruit qu'il avait été tué d'un coup de tonnerre.

Carin & Numérien, les deux fils de Carus, ayant été nommés Augustes de son vivant, lui succédèrent, sans avoir besoin de nouvelle proclamation ; ces deux Princes étaient, par l'antipathie de leur caractère, le Caracalla & le Géta de leur siècle. Numérien, qui promettait à Rome un bon Prince, fut tué, après neuf mois de règne, par le même Aper qui avait affaffiné fon père, & Carin, qui était un monftre de cruauté & de libertinage, ne furvécut que trois mois à fon frère. Carin fut égorgé par un Tribun, dont il avait violé la femme, le jour même qu'il avait remporté une grande victoire contre Dioclétien. Cet évènement, qui donna le Trône des Céfars au dernier des grands hommes qui l'a honoré, tombe à l'an 1036 de l'ère du Capitole.

RÈGNE MÉMORABLE DE DIOCLÉTIEN (a).

ON ne s'attend pas à trouver, à l'époque de la décadence de l'Empire, un Prince fait pour ramener les jours de sa gloire : cette époque brillante nous rappelle la fable antique du chant du cygne lorsqu'il se meurt. Consacrons quelques lignes à ce règne mémorable, que le défaut d'Historiens, ou leur aridité, nous empêche, malgré les réclamations des Sages, d'exposer en un volume.

Dioclétien, né dans une ville obscure de la Dalmatie, n'avait pour titres de noblesse que ses services personnels ; originairement affranchi d'un Sénateur, ou selon d'autres, fils d'un simple Greffier, il s'éleva, à force d'exploits militaires,

____

(a) *Vopisc. Aurel. Vict. Oros. Euseb.* Hist. Eccl. & in Constant. *Zonar. Eutrop. Lactant.* de mort. persecut.

au rang de Général d'armée & de-là, au Confulat; il exerçait, fous le dernier règne, l'importante place de Comte du Palais, démembrée de celle de Préfet du Prétoire, & qui lui donnait le commandement de la garde Impériale. A l'époque de la mort tragique de Numérien, les légions de l'Orient, qui crurent le Trône des Céfars vacant, parce qu'il n'était plus occupé que par l'abominable Carin fon frère, qui le déshonorait par fes mœurs & par fa férocité, le revêtirent de la pourpre. Celui-ci s'en montra digne non à la manière des Sages, mais à celle d'une foldatefque effrénée, en égorgeant de fa main Aper, l'affaffin de Numérien, qu'on gardait prifonnier auprès des drapeaux : on regrette de voir remplir le miniftère d'un homme de fang au père des peuples, qui allait donner à Rome un fecond Marc-Aurèle.

L'élection de Dioclétien partagea le monde, & amena une guerre civile; l'Orient reconnut le foldat de fortune,

qui lui annonçait un grand homme, &
l'Occident continua à obéir à son tyran,
uniquement parce que Rome n'ofait le
détrôner. La bataille décifive fe donna
dans la Mœfie fupérieure, & Carin,
prefque vainqueur, y perdit la vie : un de
fes Tribuns, qu'il avait déshonoré, l'af-
faffina. Dioclétien n'abufa point d'un
triomphe qu'il ne devait qu'à la haine
qu'on portait à fon rival ; il ne fit un
crime à perfonne d'avoir porté les armes
contre lui : tous les citoyens qui avaient
des places fous le dernier règne les con-
fervèrent après la révolution, & ce fut
un évènement unique dans les annales
Romaines, qu'à l'iffue d'une guerre civile
les vaincus continuaffent à gouverner leurs
vainqueurs.

Cependant le fracas des fecouffes qui
ébranlaient le Trône des Céfars s'était
fait entendre jufqu'aux frontières ; les
Perfes, qui fe crurent mal furveillés,
vinrent conquérir la Méfopotamie, & du
côté de l'Occident, il y eut des mouve-

mens en Germanie & dans la Grande-Bretagne. Dioclétien, aſſez grand pour ſentir que Rome ravagée au-dehors, & mal affermie au-dedans, avait beſoin de deux maîtres, ſe donna un Collègue dans la perſonne de Maximien qu'il fit proclamer d'abord Céſar, & enſuite Auguſte dans Nicomédie.

Maximien, né dans la pouſſière près d'une bourgade de la Pannonie, avait la valeur, la férocité & l'ignorance de Marius, à qui il ſe faiſait gloire de reſſembler; il avait fait avec gloire toutes les campagnes de Probus & d'Aurélien ſur le Danube, ſur le Rhin & ſur l'Euphrate. On le regardait comme un des plus grands hommes de guerre de ſon ſiècle, & ce fut cette renommée militaire qui détermina le choix de Dioclétien; il n'avait beſoin d'un Collègue que pour combattre, ſe réſervant le droit de gouverner. Le ſuccès répondit à ſon attente; Maximien, qui avait toute la franchiſe des mœurs ſauvages avec leur dureté, tout

emporté qu'il était dans fes goûts, ref-
pecta toujours Dioclétien comme fon
bienfaiteur & fon père ; & content de
faire la deftinée du monde à la tête des
armées, il ne murmura jamais de ce que
fon fage Collègue en affurait la paix intérieure par fa politique & par fa légiflation.

Maximien fignala fon avènement au
Trône des Céfars en pacifiant l'Occident ;
il foumit les Bagaudes, peuple obfcur
qui habitait à l'embouchure de notre
Marne, & qui, fous Claude II, avait
eu affez de puiffance pour prendre d'affaut
la ville d'Autun. Il chaffa de la Gaule
les nations Germaniques qui s'y étaient
répandues pour l'infefter, & portant fes
armes au-delà du Rhin, il força deux
Rois Francs, Atech & Genobon, à recevoir de Rome une paix qui humiliait
leur fierté.

Pendant ce temps-là Dioclétien marchait
en Orient, & forçait, par la feule terreur
de fon nom, le Roi des Perfes à fe ref-

ferrer au-delà du Tygre, & à évacuer la Méfopotamie.

On regrette que les deux héros aient abufé de leurs exploits pour prendre, l'un le furnom de Jovius, & l'autre celui d'Herculius ; comme s'ils avaient voulu faire oublier les vrais titres de leur gloire! Comme fi des pâtres, que leur génie avaient élevés au Trône du monde, ne valaient pas mieux que des Rois automates, qui n'auraient eu d'autre droit pour gouverner les hommes, que d'être iffus d'Hercule ou de Jupiter !

Le règne brillant des deux Empereurs fut un peu troublé par la défection de Caraufius, excellent Officier de marine, que Maximien avait chargé de veiller, à la tête d'une efcadre, à la tranquillité des côtes de la Grande-Bretagne, & qui profita du pouvoir énorme dont le Gouvernement avait eu la faibleffe de le revêtir, pour fe décorer de la pourpre impériale. En vain les deux Empereurs armèrent pour le réduire ; il fe maintint pendant six ans dans la Grande-Bretagne contre toutes les forces Romaines; & s'il en faut croire une médaille que le rebelle fit frapper, & qui portait pour légende, *la paix des trois Augustes*, on finit par lui laisser la jouissance paisible de sa souveraineté.

Cet évènement fit faire des réflexions à Dioclétien; comme il n'avait point d'héritier de son Trône, & qu'il sentait que tout Commandant des légions pouvait y prétendre, en vertu du gouvernement militaire qui s'était introduit dans Rome après l'extinction de la dynastie des Césars, il se détermina à adopter des Princes, dont l'ambition pût être réprimée, par l'espoir d'arriver au rang des Augustes par des voies légitimes. Son choix tomba sur Constance Chlore, petit neveu, par sa mère, de l'Empereur Claude II, & sur un pâtre de la Dace nommé Galère, dont les talens militaires pouvaient seuls faire pardonner la rudesse, l'incontinence & la férocité: tous deux étaient mariés; on les engagea à répudier leurs femmes. Conſtance fit divorce avec Helène, mère de Conſtantin, pour épouſer Valeria, fille de Dioclétien; & Galère, de ſon côté, reçut la main de Théodora, belle-fille de Maximien.

Après ces préliminaires, les deux Princes furent nommés Céſars avec toute la pompe militaire; enſuite on leur aſſigna des départemens; Galère fut chargé de veiller à la tranquillité de l'Illyrie, de la Thrace, de la Grèce & de la Macédoine, & Conſtance, de défendre contre les Barbares l'Eſpagne, les Gaules & la Grande-Bretagne.

Ce partage du monde entre quatre Souverains n'empêcha pas les ambitieux d'aſpirer au Trône des Céſars. Je ne parle pas d'un Eugène, qui, forcé par cinq cents ſoldats factieux qu'il commandait de ſe révêtir de la pourpre, s'empara d'Antioche, & ne conſerva qu'un jour le fantôme de grandeur qui l'avait abuſé; mais il s'éleva deux nouveaux Auguſtes, n'ayant d'autres titres que la pointe de leur épée, qui déchirèrent long-temps les entrailles de la patrie. Julien, le moins redoutable, se mesura avec Maximien, & après une bataille sanglante où il fut vaincu, n'ayant plus que la perspective de l'échafaud, se perça lui-même de son épée, & se jetta, respirant encore, dans les flammes de son propre bûcher.

Achillée fut bien plus difficile à réduire ; il conserva six ans la souveraineté de l'Egypte : enfin Dioclétien marcha contre lui à la tête des légions de son département, le défit, & l'enferma dans Alexandrie. Après un siège de huit mois, le génie de Dioclétien l'emporta ; l'usurpateur fut pris & envoyé au supplice, avec les principaux complices de sa rébellion. Le vainqueur déshonora un moment sa victoire, en permettant à ses soldats le pillage d'Alexandrie.

Les Romains possédaient à cette époque une région immense, mais peu cultivée, qui s'étendait à sept journées de distance au-dessus d'Elephantine ; le revenu affecté au tréſor du Souverain ne ſuffiſait pas pour la ſolde des garniſons. Dioclétien abandonna cette ſouveraineté, plus onéreuſe qu'utile, aux Nobates, à condition qu'ils défendraient les frontières de l'Egypte contre les invaſions perpétuelles des Blemmyes. Ce trait de politique, qui fait l'éloge du modérateur d'un vaſte Empire, parut un crime d'Etat aux enthouſiaſtes de la grandeur Romaine ; mais ils murmurèrent en ſilence : les cris de ces républicains effrénés ne parvinrent pas juſqu'au chef de la Monarchie.

Pendant que les deux Auguſtes aſſuraient leur Trône contre les entrepriſes des rebelles, les deux Céſars faiſaient reſpecter le nom Romain aux Barbares. Conſtance vint faire la guerre à Allectus, qui, après avoir aſſaſſiné Carauſius, s'était fait proclamer Auguſte à ſa place, le vainquit, le tua, & fit rentrer la GrandeBretagne ſous l'obéiſſance des Céſars ; s'il en fallait croire les panégyriques du temps, qui ſont de faibles monumens en hiſtoire, cette guerre civile se termina sans qu'il en coutât la vie à aucun Citoyen.

La réduction des Allemands qui étaient venus ravager la Champagne, fit couler les larmes des vaincus & des vainqueurs. Constance, surpris avec une poignée de Romains par les Barbares, fut blessé & obligé, pour n'être point fait prisonnier, de se faire enlever avec des cordes sur les remparts de Langres; mais quelques heures après, ayant appris le retour de ses légions, il sortit de la place, fondit sur ses vainqueurs épars dans la plaine, les tailla en pièces, & leur tua, dit-on, soixante mille hommes.

Galère, pendant ce temps-là, faisait une invasion sur les frontières de la Perse; la première campagne ne fut pas heureuse, & il fut battu trois fois pour avoir osé défier, avec quelques cohortes d'élite, des nuées de Barbares. Dioclétien le manda dans son camp, & pour le punir par une sorte d'ignominie qui était dans les anciennes mœurs Romaines, de sa témérité, il le laiſſa marcher à pied l'eſpace d'un mille à côté de ſon char, tout revêtu qu'il était de la pourpre des Céſars. Galère profita de cette leçon altière ; il ſe ménagea, en grand Capitaine, une occaſion où ſes armes pouvaient reprendre leur ſupériorité, livra une grande bataille aux Perſes, & remporta ſur eux la victoire la plus complette ; leur camp fut pris & pillé ; la Famille Royale reſta toute entière au pouvoir des Romains, & le Monarque errant d'aſyle en aſyle, fut contraint de dépoſer, pour ainſi dire, ſa couronne aux pieds de ſon vainqueur.

L'Ambaſſadeur de ce Prince à demi détrôné ſe rendit en ſuppliant, dans la tente de Galère, & le conjura de ne pas détruire l'Empire des Perſes, qu'il appellait, ſuivant le faſte oriental, un des yeux de l'univers. Le Céſar alla conſulter Dioclétien dans Niſibe, & d'après ſes lumières, il y eut un traité conclu entre les deux Puiſſances, qui ſemblait fait pour retarder d'un ſiècle la décadence de l'Empire Romain en Orient. Les Perses furent obligés de céder à leurs ennemis cinq de leurs provinces situées sur la rive droite du Tygre, d'évacuer l'Arménie, & de renoncer à toute prétention sur la Méso- potamie. Cette paix, toute ignominieuse qu'elle était pour les vaincus, en fut res- pectée pendant quarante ans.

Toutes ces victoires aux frontières de l'Empire n'empêchaient pas Dioclétien de veiller à l'administration intérieure; il fonda à perpétuité une distribution de bled dans Alexandrie, pour réparer sans doute le crime de l'avoir livrée au pillage; il fit defricher & peupler des landes sau- vages des Gaules, révivifia les ruines d'Autun, embellit de Cirques, de Basi- liques & d'Arsénaux Nicomédie, & fit construire à Rome ces fameux Thermes qui portent son nom, & dont les débris encore subsistans annoncent une ville du second ordre, bâtie au milieu de la capi- tale de l'univers.

Dioclétien, depuis vingt ans qu'il

régnait, n'avait vu Rome qu'une seule fois pour s'y faire reconnaître; il y revint pour triompher avec Maximien de tant de peuples qu'il avait subjugués ou rendus tributaires; les jeux qu'il donna à cette occasion ne répondirent point à l'attente générale; il était trop sage pour croire que la majesté du Trône se relève par le désordre des finances; mais la multitude, dont les vues étroites ne se prêtent jamais aux grandes idées d'administration, murmura. Dioclétien, blessé de cette ingratitude, quitta la capitale avec précipitation, & vint, malgré la rigueur de l'hiver, faire la cérémonie de la prise de possession de son dernier Consulat, dans Ravenne.

Dioclétien n'avait pas attendu à la fin de son règne, pour faire des réformes ou des institutions utiles dans l'Etat qu'il avait à gouverner; il affaiblit singulièrement cette milice insolente des Prétoriens, qui avait créé, ou mis à mort, tant d'Empereurs; il supprima une race toujours subsistante d'espions publics, qui, rassemblés sous le titre d'inspecteurs du bled, s'introduisaient dans les familles, leur arrachaient leurs secrets, & imaginaient une foule de crimes d'Etat à l'usage de la tyrannie ; il donna aussi plusieurs loix toutes inspirées par le génie pacifique des Numa & des Solon, & qui font partie de ce Code Romain resté, malgré le laps de tant de siècles, la base de la législation en Europe.

Ce grand Prince n'avait pas cultivé les connaissances humaines, mais il eut le bon esprit de protéger ceux qui les cultivaient. L'éloquence fleurit sous son règne, grace à la plume ingénieuse des Nazaire, des Eumène & des Mamertin : les Ecrivains de l'histoire Augustale parurent presque tous de son vivant ; & quoiqu'ils ne fassent que ramper sur les pas des Polybe & des Tacite, on voit que le Gouvernement ne leur faisait pas un crime de chercher la vérité & de la dire; enfin la Philosophie continua à prendre son essor grace à Porphyre, qui a cependant plus mérité des hommes, par son zèle éclairé pour la doctrine du disciple de Socrate, que par ses diatribes amères contre notre religion.

On ne rencontre qu'une tache dans le règne mémorable de ce second Marc-Aurèle, c'est d'avoir laissé échapper, deux ans avant son abdication, un édit d'intolérance contre le Christianisme ; il est vrai que ce fut le féroce Galère qui l'amena, par un stratagême horrible, à cet acte de tyrannie, si éloigné de ses grands principes d'administration. L'abominable César fit mettre secrètement le feu dans le palais Impérial de Nicomédie, & chargea de ce crime les Chrétiens qu'il voulait anéantir. Dès ce temps-là, Galère commençait à se rendre redoutable aux deux Augustes, & il laissait pressentir l'envie coupable qu'il avait de jouir seul du pouvoir suprême, pour se baigner à son gré dans le sang des hommes.

L'orage qui avait grondé deux ans sur

le Trône des Céfars, éclata enfin, & le nouveau Marc-Aurèle fut puni d'avoir choifi un fecond Commode pour fon fucceffeur. Galère profita d'une maladie de langueur où était tombé Dioclétien, & qui avait été fuivie de l'affaibliffement defa tête, pour opérer la révolution ; fon plan était de faire abdiquer les deux Empereurs, de fe nommer avec Conftance, qu'il ne craignait pas, Auguftes à leur place, & de créer deux Céfars qui, fe trouvant fes créatures, devinffent les appuis naturels de fa tyrannie. Les droits de la naiffance pour cette dernière promotion ne furent point confultés ; il laiffa dans l'obfcurité de la vie privée Conftantin, fils de fon Collègue, & Maxence, qui était à-la-fois fon gendre & le fils de Maximien, & fon choix, pour faire des Céfars, tomba fur Maximien Daza fon neveu, & fur un Sévère homme inconnu, qui avait acheté fa bienveillance par la baffeffe de fes adulations ; tous les deux promettaient d'être des efclaves fous la pourpre ; & fi le tyran fut trompé dans son attente, c'est qu'il ignorait que dans une ame vile l'ambition satisfaite ne tient jamais lieu de reconnaissance.

Toutes les mesures de son machiavélisme ainsi arrêtées, Galère attaque d'abord Maximien, qui, n'ayant pour se conduire que le génie de Dioclétien, était, isolé & sans appui, très-aisé à renverser ; il le menace d'une guerre civile, & le contraint, par la terreur que son audace lui inspire, à donner son sceau à la révolution qui le détrône.

Fier de cette première victoire, le nouveau Catilina va trouver Dioclétien dans Nicomédie, & voyant sa tête affaissée par les suites d'une pénible convalescence, il répéte avec lui le rôle qu'il avait joué avec Maximien. Le grand homme, malgré l'inertie de ses organes, disputa le terrein pied à pied ; son abdication ne fut pas le sacrifice qui lui coûta le plus, il fit la plus grande résistance pour empêcher la promotion des deux nouveaux Césars :

enfin, vaincu par les regards foudroyans de Galère, & voyant peut-être sa vie menacée, quelques larmes amères coulèrent de ses yeux, & cédant au tyran : *agis donc*, dit-il, *au gré de ton caprice, puisque tu te refuses, même à mes conseils ; le soin de l'administration te regarde, puisque tu affectes la toute-puissance ; tant que j'ai tenu les rênes du Gouvernement, j'ai veillé au bien de la patrie ; si désormais il lui arrive quélque disgrace, je n'en suis responsable ni devant Dieu, ni devant les hommes.*

La cérémonie de l'abdication des deux Augustes se fit le même jour à Milan & à Nicomédie ; Maximien quitta la pourpre, en révêtit Sevère, & se retira dans une de ses maisons de plaisance au fond de la Lucanie, d'où son caractère inquiet le fit sortir, dans la suite, pour recouvrer la grandeur dont il s'était dépouillé ; mais son peu de philosophie lui fit trouver une mort tragique au pied du Trône où il essaya de monter.

Pour Dioclétien, il ne fut jamais plus grand que lorsque la toute-puissance lui échappait. Après s'être démis de l'Empire au milieu des Citoyens qu'il avait rendu heureux vingt ans, & des légions qui avaient été témoins de ses victoires, il traversa Nicomédie sans gardes & sans cortège, & se retira à Salone, sa patrie, pour y apprendre à mourir. En vain, pendant les neuf ans qu'il vécut encore, des hommes de bien tentèrent-ils de l'engage à revendiquer le pouvoir suprême : *ah !* leur répondit-il, *vous ne me parleriez jamais du Trône des Césars, si vous pouviez voir les beaux fruits que je cultive dans mon jardin.*

Dioclétien, au reste, tout en menant la vie des Cincinnatus & des Curion, ne crut pas indigne de lui d'embellir sa retraite ; il se bâtit un palais superbe à quatre milles de Salone, dont les ruines subsistent encore dans Spalatro. Le voyageur qui les parcourt, ému malgré lui par une espèce de sentiment religieux,

y cherche moins le nom de l'Architecte
qui a bâti ce beau monument, que celui
du grand homme qui l'a habité.

Succession des Augustes, depuis l'abdication de Dioclétien, jusqu'à la chute de l'Empire d'Occident (a).

Nous touchons à l'époque de la fondation de l'Empire d'Orient. Rome, depuis tant de siècles la capitale du monde, va voir sa grandeur transportée à Byzance ; & quand il plaira aux successeurs de Constantin de donner l'Italie en apanage à des Césars, ces vice-Rois de Rome dégradée disputeront leur Trône à des barbares, jusqu'à ce qu'il s'écroule sur sa base, & que des Hercules viennent donner des loix au Capitole.

Quand Dioclétien eut abdiqué l'Empire, Galère se vit un moment au comble

------

(a) Nos guides, pour ce tableau rapide, sont Eusebe, Eutrope, Julien, & les Ecrivains de l'histoire Byzantine.

de ſes vœux : les deux tiers du monde Romain obéiſſaient à ſes loix ; car, outre le département du grand homme qu'il avait détrôné, il gouvernait l'Italie & l'Afrique par Sevère, l'Orient & l'Egypte par Maximin ; quant à Conſtance, il n'était réellement Auguſte que pour l'Eſpagne, les Gaules & la Grande-Bretagne.

Le tyran conſerva, par le crime, la toute-puiſſance qu'un crime lui avait donnée ; non content d'imiter le faſte des Monarques de l'Orient, & de ſe faire adorer par la foule immenſe de ſes eſclaves, il ramena dans Rome l'atroce tyrannie des Commode & des Néron ; il faiſait mettre en croix, ou brûler vifs, des Sénateurs qui lui déplaiſaient, & trouvait une jouiſſance abominable à faire dévorer d'autres victimes moins illuſtres par des ours monſtrueux qu'il nourriſſait dans ſa ménagerie.

Conſtance aurait pu être le vengeur du monde, mais il avait la timidité de l'extrême prudence ; il ſe contenta d'être le bienfaiteur de la partie de l'Occident qui reconnaissait son pouvoir, & mourut dans son lit à Yorck, n'ayant joui du titre d'Auguste que quatorze mois. Constantin, à l'instant, fut proclamé Empereur par ses légions, & tout l'édifice de grandeur élevé par l'usurpateur du Trône de Dioclétien, fut renversé.

On s'attendait à une guerre civile; il n'y en eut point, parce que Galère, qui se voyait en butte à la haine publique, plia sous la grande renommée de Constantin, & le reconnut d'abord César, & ensuite Auguste. Ce tyran survécut peu à cet acte de faiblesse; il fut attaqué d'un ulcère horrible à l'organe générateur; & après avoir envoyé au supplice ses Médecins pour les punir de l'impuissance de leur art, il mourut dans les tourmens de la douleur & du désespoir. La terreur qu'il avait inspirée, de son vivant, laissa des traces après qu'il ne fut plus, & Rome acheva de se dégrader en faisant son apothéose.

Quoique Maxime, Licinius, Maximin & d'autres Augustes aient encore disputé quelque temps la pourpre à Constantin, cependant ce Prince est censé, après la mort de Galère, seul maître du Trône des Césars; c'est lui qui, en transférant le Siège Impérial à Constantinople, dégrada Rome du titre de Métropole du monde : dès-lors, il y a un vuide immense dans les annales Romaines, & l'Italie ne se trouvant plus qu'une province de la nouvelle Monarchie, nous sommes obligés de renvoyer l'histoire Augustale à celle des Empereurs d'Orient.

Le grand évènement de cette translation du Siège des Césars, tombe la vingt-cinquième année du règne de Constantin, ou l'an 330 de l'ère vulgaire, qui répond à la mille soixante & dix huitième de l'ère du Capitole.

Quatre mois après la mort de Constantin, ses trois fils se proclamèrent Augustes, & ce fut à Constant, le plus jeune des trois, que l'Italie échut en apanage.

Ce Prince, le plus indolent des hommes, était plus fait pour dicter ses loix du fond d'un serrail à des esclaves Asiatiques, que pour se maintenir sur le Trône chancelant des Césars ; il régna obscurement pendant treize ans, ensuite Magnence le fit égorger au pied des Pyrénées, &, suivant l'usage des Etats absolus, vint recueillir son héritage.

Magnence ne s'arrêta pas au milieu de sa sanglante carrière ; sous prétexte que Nepotien, neveu du fondateur de l'Empire d'Orient, s'était décoré de la pourpre pendant vingt-huit jours, il massacra tout ce qui restait de la famille de Constantin, & remplit Rome de meurtres & de carnage.

Constance, le vrai héritier de l'Empire du monde, puisque Constantinople était sa capitale, vint punir son vice-Roi de sa tyrannie. Cette guerre fut plus longue qu'il ne devait l'attendre de la justice de sa cause, & de la terreur qu'inspiraient ses armes ; il défit Magnence à la journée de Murſa , & cette journée fut d'autant plus mémorable , que s'il en faut croire Zonare , le vaincu ne perdit que vingt-huit mille hommes , tandis que le vainqueur en vit tailler en pièces trente-deux : l'année ſuivante il fut encore plus heureux ; car l'action fut moins ſanglante & plus déciſive. Le tyran n'ayant plus de reſſources, poignarda ſon frère , qu'il venait de créer Céſar , extermina preſque toute ſa famille , & ſe perça enſuite de ſon épée pour ſe dérober à la honte de l'échafaud.

La mort de Magnence éteignit de nouveau la vice-royauté de l'Italie. Conſtance , & après lui le trop célèbre Julien & le faible Jovien , réunirent ſur leurs têtes les deux couronnes d'Orient & d'Occident ; Valentinien , qui ſuccéda à ce dernier , partagea , il eſt vrai, le monde Romain avec Valens ſon frère ; mais comme les deux Princes vécurent dans la plus parfaite concorde , l'unité politique de l'Etat ne fut point rompue ; il en fut de même ſous les règnes de Gratien , du jeune Valentinien & de Théodose. L'usurpation d'Eugène, qu'Arbogaste mit un moment sur le Trône de l'Italie, pour le faire périr d'une manière tragique de la main de ses propres soldats, ouvrit les yeux à Théodose, resté seul maître de tout le patrimoine des premiers Césars; il sentit que, pour assurer la toute-puissance à sa famille, il fallait la partager; il assura l'Orient à Arcade, son fils aîné, & l'Occident au plus jeune, à Honorius; ce que la Chancellerie de Constantinople désignait alors sous le nom d'Occident comprenait l'Italie, l'Afrique, l'Espagne, la Grande-Bretagne, l'Illyrie occidentale & les Gaules. Théodose fit un plus grand présent encore au jeune Auguste, en lui donnant pour Général de ses armées le célèbre Stilicon.

Honorius n'avait qu'onze ans quand il recueillit l'héritage de Théodose; il épousa, deux ans après, la fille de son Général, & le laissa vaincre les ennemis de l'Etat & régner sous son nom. Cette confiance était d'autant plus nécessaire, que jamais minorité ne fut plus orageuse que celle d'Honorius: c'est à cette époque qu'Alaric, Roi des Goths, de concert avec Radagaise, Souverain des Huns, fit sa première descente en Italie. Stilicon battit les Barbares à la journée de Pollentia, fit prisonniers la femme & les enfans d'Alaric, & rendit ainsi la paix à l'Occident.

Radagaise revint, la campagne suivante, venger la défaite de son armée; il conduisait deux cents mille hommes, & il vint faire le siège de Florence, vouant aux dieux de son pays tout le sang Romain qu'il pouvait répandre. Stilicon vint opposer une barrière à ses conquêtes; il y eut une grande bataille où, suivant le fabuleux Orose, les Romains ne perdirent pas un seul soldat, tandis que les Barbares virent cent mille des leurs passés au fil de l'épée. Radagaise fut fait prisonnier après l'action, & conduit au supplice.

Stilicon, qui désirait la pourpre, &

qui ne pouvait régner que par les difcordes publiques, ternit à jamais la gloire
de fes exploits, en appellant de nouveau
Alaric en Italie; il ne porta pas loin la
peine de fon attentat. Honorius, inftruit
de fa perfidie, ordonna qu'on l'arrêtât
dans Pavie, & fit tomber fa tête fur un
échafaud.

Cependant Alaric voyant Rome fans
appui, vint en faire le fiège; la famine
& la pefte réduifirent bientôt les habitans à l'extrémité, & ils furent réduits
à capituler avec le conquérant. Il fut con-
venu qu'ils livreraient aux Barbares cinq
mille livres pefant d'or, trente mille
d'argent, quatre mille habits de foie,
trois mille peaux teintes en pourpre, &
autant de livres de poivre. Honorius eut
d'abord la lâcheté de ratifier un pareil
traité, pour faire lever le fiège de fa capitale, & enfuite la perfidie de ne pas
l'exécuter, quand il vit les Barbares loin
des remparts de Rome. Alaric furieux,
ramena fon armée fur les bords du Tibre,

obligea Rome à lui ouvrir ses portes, dégagea le Sénat du serment de fidélité qui le liait à Honorius, & plaça Attale, Gouverneur de la ville, au Trône des Céfars.

Attale avait quelque chofe de Romain dans le cœur ; il préféra le danger, de traiter avec Honorius, à l'affront de refter vice-Roi d'un barbare. Alaric le fut, & ayant montré un jour à fon armée le nouvel Augufte vêtu en Souverain, le lendemain il le dépofa, & l'expofa à la rifée publique habillé en efclave.

Le fac de Rome, qui avait fecoué le joug des Goths, fuivit de près cette comédie infultante à la majefté du Trône des Céfars. Cette fuperbe Métropole du monde, qui avait pillé les nations pendant onze fiècles & demi, fubit à fon tour les défaftres qu'elle leur avait fait effuyer ; les Barbares la faccagèrent pendant fix jours, enfuite ils y mirent le feu. S'il en fallait croire Procope, il ne refta pas un feul édifice debout : tous les monumens de la haute antiquité furent anéantis, ou du moins mutilés par les flammes ; on paffa au fil de l'épée une multitude immenfe, & il n'y eut guères de fauvés, que les Citoyens qui fe réfugièrent dans les Eglifes.

Honorius furvécut treize ans au défaftre de fa capitale, toujours faible & toujours défarmant, par fon impuiffance même, l'ambition des factieux qui afpiraient à fa couronne ; il mourut enfin d'une hydropifie à Ravenne, après avoir régné vingt-huit ans, grace au grand nom qu'il portait de fils de Théodofe, & laiffa à Valentinien III, fon fils, l'Empire d'Occident.

Le règne de Valentinien fut troublé par les invafions des Huns, des Suèves, des Vandales. Attila, le chef de cette première peuplade de Barbares, raffembla près de fept cents mille hommes dans le Nord, entra dans les Gaules, & demanda infolemment au jeune Empereur fa fœur Honoria en mariage, à condition qu'elle lui apporterait pour dot la moitié de l'Empire d'Occident. Aëtius, le plus grand homme de guerre de son temps, vint sauver à Rome l'opprobre d'un pareil traité ; il livra aux Barbares une bataille sanglante dans les plaines de Châlons en Champagne, où il resta à la fin victorieux : l'Historien Idace, qui n'est pas un Tacite, prétend que la perte réunie des vainqueurs & des vaincus, monta à trois cents mille hommes.

Attila rassembla les débris de son armée, & descendit en Italie pour venger la honte de sa défaite. Valentinien trembla de voir ce fléau des Rois si près de sa capitale, & il réussit à l'éloigner en se rendant son tributaire.

Le faible Empereur couronna tant de lâcheté, en assassinant de sa main, dans son palais, Aëtius, le boulevard de l'Empire, à la valeur de qui il devait de végéter encore sur le Trône des Césars.

Son dernier crime fut le viol de l'épouse vertueuse de Maxime ; le Romain furieux.

conjura avec quelques amis d'Aëtius, fit égorger le tyran au milieu de sa Cour, &, pour rester impuni, se fit proclamer Auguste à sa place.

Eudoxie, veuve de Valentinien, avait été obligée, quelques jours après la révolution, de donner sa main au meurtrier de son époux. Outrée de tant d'humiliation, elle appella en Italie Genseric, Roi des Vandales : Maxime ne s'attendait point à une pareille invasion. Frappé de terreur à la vue de la flotte des Barbares, qui fermait l'embouchure du Tibre, il ne songea qu'à s'enfuir avec toute sa Cour ; mais des Citoyens indignés de voir le Chef de l'Etat trahir ainsi les peuples qu'il devait protéger, au péril même de sa vie, le massacrèrent. Ce fantôme d'Empereur n'avait régné que trois mois ; quelques jours après, Genseric se fit ouvrir les portes de Rome, défendit de mettre le feu aux édifices, ou de répandre le sang des habitans, mais abandonna la ville au pillage.

Cependant le Trône d'Occident était vacant ; il fut rempli par Avitus, alors Commandant en chef des forces de l'Etat, & ce fut Théodoric, Roi des Visigoths, qui, à la honte du nom Romain, le revêtit de la pourpre dans Toulouse. Le Suève Ricimer, qui était à la tête des armées navales de l'Empire, indigné de l'opprobre que ce choix faisait rejaillir sur le Trône des Césars, fit déposer l'année suivante, par le Sénat de Rome, la créature de Théodoric, & l'obligea, pour sauver sa vie, à se faire sacrer Evêque de Plaisance. Sa couronne, après trois mois d'interrègne, fut donnée à Majorien.

Majorien était célèbre depuis long-temps par ses vertus guerrières ; il signala son avènement par une victoire sur les Vandales, & il promettait à Rome expirante un nouveau Trajan, quand Ricimer qui l'avait fait élire, blessé de ce qu'il ne gouvernait pas sous son nom, le déposa & le mit à mort, après trois ans de règne. Sévère II, homme très-obscur, fut proclamé Empereur à sa place, à condition qu'il resterait dans une éternelle minorité : il tenta un moment de s'affranchir du joug de son superbe Ministre, & celui-ci le fit empoisonner. Le terrible Suève gouverna ensuite l'Occident pendant un interrègne de deux ans ; mais comme Rome murmurait de recevoir des loix d'un barbare, il consentit à la fin qu'un Consulaire nommé Anthemius, qui prenait le titre de Comte de l'Orient, se revêtît de la pourpre. Le nouvel Auguste ne fut pas plus reconnaissant que les Princes qui l'avaient précédé ; il voulut régner par lui-même : alors Ricimer jettant tout-à-fait le masque, se déclara chef de tous les Barbares qui étaient au service de l'Empire, vint mettre le siège devant Rome, la prit d'assaut, & la saccagea avec non moins de fureur que les Alaric & les Genseric. Anthemius, puni du supplice d'un rebelle, y périt sur un échafaud.

Olybrius

Olybrius ne fit que paſſer ſur le Trône; on n'eut pas le temps de connaître ſa naiſſance, encore moins d'étudier ſon caractère; avant trois mois, Ricimer & lui n'étaient plus.

A la mort d'Olybrius, il y eut une guerre civile : deux Auguſtes s'élevèrent à-la-fois. Glycerius, l'un d'eux, fier de la protection de Gondibal, neveu de Ricimer, fut proclamé à Ravenne ; & Nepos, nommé par l'Empereur d'Orient, vint lui diſputer ſa couronne. Ce dernier fut le plus heureux; il fit priſonnier ſon rival, le dépouilla de la pourpre, & pour lui ravir tout eſpoir de remonter ſur le Trône, ordonna qu'on le ſacrât Evêque de Salone en Dalmatie.

Nepos était un Prince ſans caractère : le haſard l'avait fait vaincre; le génie lui manqua quand il fallut gouverner. Oreſte, Commandant en chef de toutes les forces Romaines dans les Gaules, bleſſé d'obéir à cette ſtatue couronnée, le dépoſa, & fit nommer à ſa place ſon propre fils, connu fous le nom de Romulus Auguftule.

Toutes ces convulfions du Trône des Céfars annonçaient fa chûte prochaine; ce fut Odoacre, chef des Herules, qui amena cette diffolution de l'Empire d'Occident. Il fit prifonnier Orefte dans Pavie, le mit à mort, & dépofa Auguftule. Rome, qui n'était plus, depuis plufieurs fiècles, que l'ombre d'elle-même, ouvrit fes portes au conquérant, & le reconnut non Augufte, mais Roi de l'Italie : ainfi finit l'Empire des Céfars ; il difparut obfcurement, dit Montefquieu, comme le Rhin, qui, après avoir menacé d'engloutir une partie de l'Allemagne, va fans nom fe perdre dans les fables. Ce grand évènement arriva, fuivant Procope, 507 ans après la bataille d'Actium, c'eft-à-dire, l'an 1229 de l'ère du Capitole.

Fin de l'Hiftoire de l'ancienne Rome.

TABLE
DES CHAPITRES.

Fin de la Table des Chapitres.

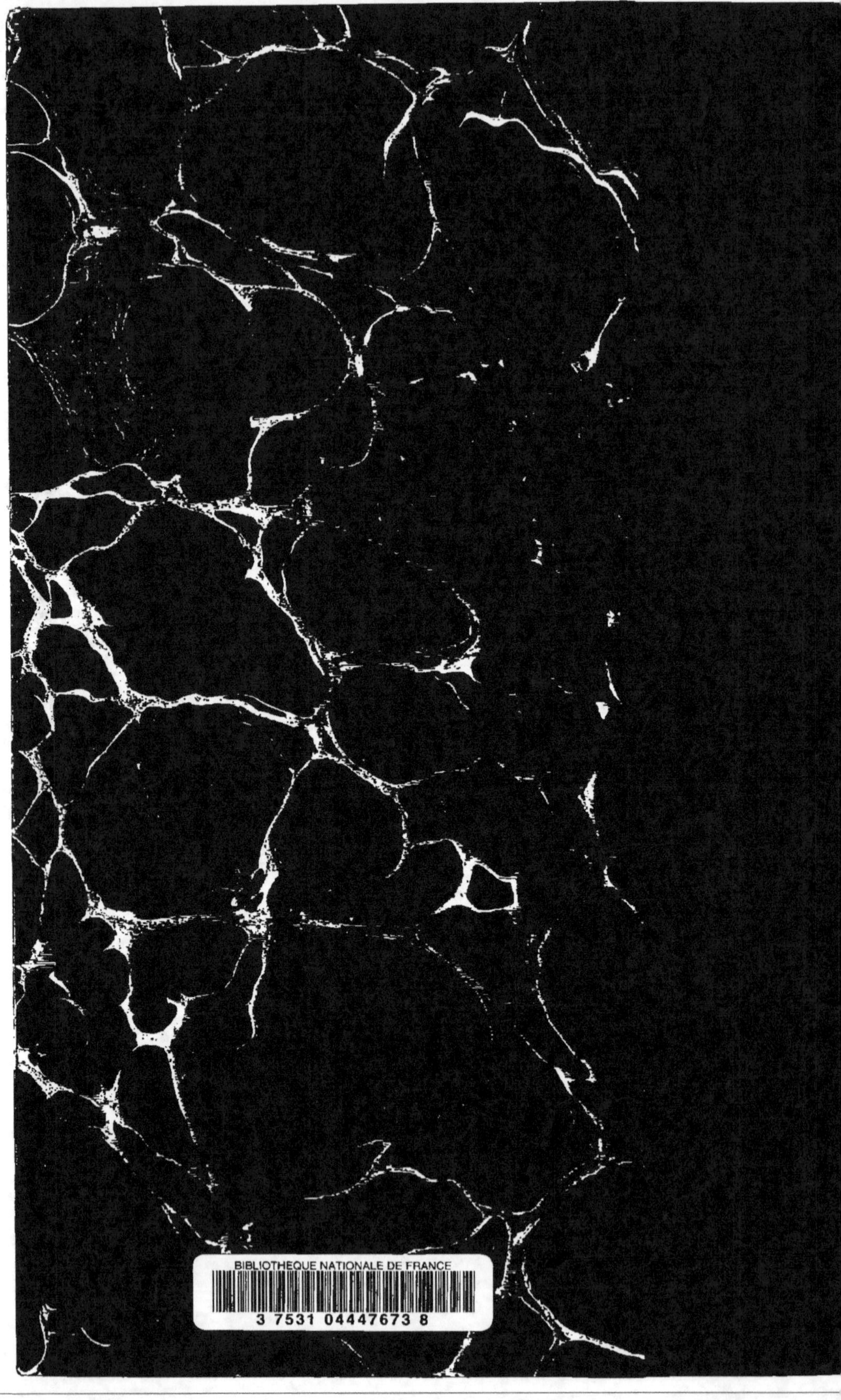
BIBLIOTHEQUE NATIONALE DE FRANCE
3 7531 04447673 8

www.ingramcontent.com/pod-product-compliance
Lightning Source LLC
LaVergne TN
LVHW050353060726
842524LV00002B/347